GOTTESDIENST PRAXIS SERIE A

Arbeitshilfen für die Gottesdienste
zu den Sonn- und Feiertagen
des Kirchenjahres

Herausgegeben von Erhard Domay

Gütersloher Verlagshaus

GOTTESDIENST-PRAXIS

V. Perikopenreihe

Band 2: Septuagesimae bis Kantate

Gütersloher Verlagshaus

Die Deutsche Bibliothek – CIP-Einheitsaufnahme

Gottesdienstpraxis. – Gütersloh : Gütersloher Verl.-Haus.

Ser. A, Arbeitshilfen für die Gottesdienste zu den Sonn- und Feiertagen des Kirchenjahres.
Perikopenreihe 5. hrsg. von Erhard Domay.
NE: Domay, Erhard [Hrsg.]; Arbeitshilfen für die Gottesdienste zu den Sonn- und Feiertagen des Kirchenjahres

Bd. 2. Septuagesimae bis Kantate. – 1994
ISBN 3-579-02886-3

ISBN 3-579-02886-3

Umschlagentwurf: Franz Wöllzenmüller, Oberhaching
Umschlagbild: © Benedikt Werner Traut, 79194 Gundelfingen
Brennpunkt 1972, Farbholzschnitt 58 x 66 cm
Satz: Satz-Service-Berkemeier, Gütersloh
Druck und Bindung: Ebner Ulm

Gedruckt auf chlorfrei gebleichtem Werkdruckpapier

Printed in Germany

Inhalt

Septuagesimae

Annäherungen an den Predigttext Matthäus 9,9–13

Albert Damblon

Im Dezember 1992 tagten im Kölner Maternus-Haus die Sachausschüsse »Öffentlichkeit und Information» zweier katholischer Pfarrgemeinden, um ihre gemeinsame Jahresarbeit zu planen. Ich lud sie ein, mit einem Schriftgespräch über den Predigttext zu beginnen. Nach anfänglichem Zögern wurde es ein lebhaftes Gespräch. Es sprachen mit: Marga Jänicke, Brigitte Poschmann, Siegfried Rosenow, Klaus Stüttgen, Marlies Schneider, Margarete und Willi Wirtz.

Ich las den Text vor und verteilte ihn als Fotokopie. Danach schwieg die Runde ziemlich lange. Die ersten zaghaften Worte: »Warum müssen wir Laien jetzt die Bibel erklären, dafür sind doch die Pfarrer da!« Einige nickten mit dem Kopf, aber ich gab keine Antwort. Die erste Frage wurde gestellt: »Was war Matthäus für ein Mann? Er saß am Zoll, vielleicht war er zufällig gerade einmal vorbeigekommen, er besuchte seinen Freund am Zollamt, muß er deswegen selbst Zöllner gewesen sein? Überhaupt, die Zöllner und Sünder werden im Evangelium in einen Topf geschmissen. So machen wir es heute mit den Finanzbeamten.« Das Gespräch lief. »Das ist etwas ganz anders. Zöllner und Finanzbamte darf man nicht miteinander vergleichen. Matthäus lud kriminelle Minderheiten zum Essen ein. War das schon barmherzig?« Ein Mann: »Eins habe ich in der Bibel nie begriffen. Wie konnten die Männer ihre Familien verlassen, um Jesus nachzufolgen? Wer bezahlte den Frauen und Kindern ihren Lebensunterhalt? Wenn die Männer nicht mehr fischen gingen oder am Zoll Steuern kassierten, verdienten sie doch nichts.« Ein anderer sofort dagegen: »Matthäus war begütert. Ich stelle mir vor, daß Matthäus so reich wie die Pharisäer war. Oder waren die Pharisäer nicht gut betucht? Wer die anderen zum Essen einlädt, muß ein großes Haus besitzen. Das kann sich kein armer Mann leisten. Matthäus wird nicht allein gekocht und den Tisch gedeckt haben. Er konnte gut einladen. Sein Personal hatte wahrscheinlich alles vorbereitet.« Eine Frau: »Vielleicht standen die Frauen am Herd. Und trotzdem war das Essen eine reine ›Männersache‹. Von einer Frau ist nirgendwo die Rede. Keine Sünderin tritt auf. Wurden die Frauen bei Matthäus versteckt? Ich erinnere mich an Griechenland. Dort sitzen im Café nur die Männer.« Ein Seufzen. »Nach diesem Text ist man besser Sünder. Gerecht sein lohnt sich nicht. Die Gerechten sind außen vor, um die Sünder kümmert sich Jesus. Sind die Taufscheinkatholiken Sünder? Die Menschen, die mit der Kirche ein Leben lang nichts zu tun haben, können sich im letzten Moment bekehren. Alle, die aus der Kirche ausgetreten sind, bekommen die kirchliche Beerdigung als Sahnehäubchen oben drauf.« »Sollen wir nicht barmherzig sein? Barmherzigkeit ist im Schriftbild des Textes besonders gedruckt.« Dagegen: »Was ist schon Barmherzigkeit? Das Wort kennen wir heute nicht mehr.« Im weiteren Gesprächsverlauf: »Doch, Barmherzigkeit ist gelebte Geschwisterlichkeit. Sie ist eine persönliche Einstellung, in die ich viel investieren muß. Wer barmherzig ist, ist gutmütig. Es steckt ›Herz‹ in diesem Wort. Barmherzige Menschen sehen mit dem Herzen. Barmen, Erbarmen ist vielleicht nicht aktuell. Indem Matthäus die Außenseiter zum Essen einlädt, ist er barmherzig.« Dieser Gedanke wurde weitergeführt. »Barmherzigkeit will ich, nicht Opfer, so heißt es. Ist also Barmherzigkeit ohne Opfer denkbar.« Gegenrede. »Nein, die Barmherzigkeit schließt Opfer mit ein. Als Barmherziger muß ich Opfer bringen. Ich meine, es geht nicht um finanzielles Opfer, um die Kollekten Misereor und Brot für die Welt. Wenn ich einmal einen Asylanten oder eine Asylantenfamilie einlade, wie reagiert da meine Nachbarschaft. Da werde ich selbst zum Außenseiter gestempelt.« Die Erfahrung wurde bestätigt. »Wenn ich nicht barmherzig bin, werden Menschen selbst zum Opfer. Verweigere ich die Barmherzigkeit, überlasse ich die anderen ihrem Schicksal. Die Türken, die Asylanten, die Frauen, die Kinder, die Farbigen.« Ein Mann griff ein. »Wir müssen die Barmherzigkeit nicht beherrschen. Wir dürfen sie lernen. Darum lernt, schreibt der Text.« Plötzlich löste sich ein Knoten. »Das ist also ein Lernprozeß. Wir müssen nicht alles sofort können. Vielleicht stehen wir erst am Anfang des Lernens. Wir lernen, uns zu überwinden, um barmherzig zu werden.« »Wir lernen eine andere Lebensweise kennen. Wir kehren um zu einem barmherzigen Leben.« »Für mich entsteht sofort die Frage, von wem oder von was lernen wir Barmherzigkeit?« »Vom Leben!« »Nein, das Leben in unserer Gesellschaft ist nicht barmherzig. Viele übersehen die Opfer der wirtschaftlichen Flaute und der deutschen Einheit, weil sie nicht anders leben wollen. Sie sind nicht bereit, ihren Gürtel enger zu schnallen. Das Leben ist gnadenlos!« »Wir lernen Barmherzigkeit von Jesus. Wenn ich das tue, was er sagt und tut, lebe ich barmherzig.« »Was er tut, das ist mir zu weltfremd. Die Bibel ist überhaupt so weltfremd. Und wenn die Kirche in ihren Predigten immer nur aus der Bibel zitiert, interessiert sich dafür keiner. Mag die Kirche ruhig über Barmherzigkeit reden, sie geht dann nicht mit unserer Zeit.« Ein Mann kam auf Pater Leppich zu sprechen. »Das war für mich eine Leitfigur. Von dem konnte ich lernen. Wie gern habe ich ihn predigen gehört. Seine Predigten waren nicht welfremd. Der Papst, der nur durch die Welt reist und den Boden küßt, wird nicht mehr akzeptiert. Unsere Zeit braucht Vorbilder, um Barmherzigkeit zu lernen. Ich denke an Jesus. Er muß unheimlich anziehend gewirkt haben. Deshalb folgten ihm überhaupt Menschen. Seine Anziehungskraft war so groß, daß die Pharisäer neidisch wurden.« Allmählich versandete das Gespräch. Es hatte Spaß gemacht. Eine Mutter setzte den Schlußpunkt. »Nachfolge Jesu, von meinen Söhnen habe ich gehört: Jugendliche, die heute noch den Gottesdienst besuchen, werden von den anderen ›Looser geschimpft‹, Verlierer!«

Zum Gottesdienst

Ludger Arnold

Theologisch-homiletische Skizze

Der Gesprächsverlauf in den »Annäherungen« macht deutlich, daß trotz der Fülle an Themen und Aspekten, die in der Perikope angesprochen werden, diese eine Einheit ist, die m.E. in ihrer Gesamtheit zur Grundlage der Predigt zu machen ist. Die Signalworte dieses Textabschnittes »Zöllner – Kranke – Nachfolge – Barmherzigkeit« sollten dabei in ihrer jeweiligen Bedeutung geklärt werden, um dann die Gesamtaussage des Textabschnittes formulieren zu können.
Jesus ruft hier einen Zöllner an und fordert ihn auf, mit ihm zu kommen; dieser folgt ihm und anschließend halten sie gemeinsam mit den Jüngern und weiteren Zöllnern sowie anderen Menschen mit einem schlechten Ruf ein gemeinsames Mahl. In der Antike waren Zöllner in Palästina verachtete Menschen. Sie galten als Ausbeuter, denn sie arbeiteten mit der Besatzungsmacht zusammen, hatten von ihr das Recht gepachtet, an den entsprechenden Stellen Einfuhr-, Ausfuhr-, Durchfahrts- und Marktzölle zu erheben. Davon mußten sie einen festen Anteil abführen und was sie darüber hinaus einnahmen, war ihr Gewinn. Dabei machte die öffentliche Meinung keinen Unterschied, ob es sich dabei tatsächlich um den Pächter einer Zollstelle oder gar mehrerer Zollstellen handelte, oder nur um einen Angestellten. Jesus ruft einen Sünder zur Nachfolge auf, wie einen von den Zwölfen und hält mit ihm und seinesgleichen das Mahl und stiftet auch noch eine Mahlgemeinschaft zwischen den Ausgestoßenen und den Jüngern.
Indem er dieses Tun den Pharisäern gegenüber mit dem Arztvergleich verteidigt und es damit auch noch verallgemeinert, vergrößert er das Ärgernis unter den Gerechten noch mehr. Dies zeigen auch die Aussagen in den »Annäherungen«. Es wirft jedoch gleichzeitig die Frage auf, wer im Sinne des Textes »krank« ist. Pokorny (Göttinger Predigt – Meditationen 37. Jg. 1982/83, S. 106f.) hat richtig aufgezeigt, daß damit alle gemeint sind, die sich krank fühlen, sich ihrer Hilfsbedürftigkeit bewußt sind. Darüber hinaus sind aber sicher auch die mit einbezogen, die ihre »Krankheit« nur erahnen, an sich oder ihrer Lebensführung manchmal zweifeln, unzufrieden sind, aber keine Alternative sehen. Somit gilt Jesu Ruf in die Nachfolge allen, die sich berufen lassen wollen, bereit sind, sich auf etwas Neues und besonders auf die Auseinandersetzung über ihren eigenen Lebensstil einzulassen.

Jesus kann nur zu denen nicht kommen, die ihn nicht zu sich kommen lassen. Die »Gerechten« (Vers 13) sind nicht die, die in den »Annäherungen« wohl gemeint sind, die sich um ein Leben in der Nachfolge bemühen, sondern die Selbstgerechten, die sich für vollkommen und unfehlbar halten.
Der Arztvergleich macht außerdem deutlich, daß Jesus die »Krankheit« für heilbar hält, daß der Sünder und Ausgestoßene nicht auf diese Rolle und gesellschaftliche Stellung festgelegt ist, sondern daß seine Veränderung möglich ist. Im Text wird sie bei dem Zöllner durch die Macht seines Wortes ausgelöst (ausführlich stellt dies Josuttis [Göttinger Predigt-Meditationen 43. Jg. – 1988/89, S. 101] dar). Dieses ist vor allem auch deshalb so kraftvoll, weil es seiner konsequenten Lebensführung entspricht und hat infolge dessen auch uns gegenüber nichts an Überzeugungskraft und Glaubwürdigkeit eingebüßt.
Auch für die Nachfolge kann er so nur eine Anweisung geben, die die ganze Lebensführung umfaßt und die menschliche Gemeinschaft zum Gradmesser und Wertmaßstab macht und hebt dafür konsequenterweise die Kult- und Gesetzesvorschriften auf. (Vers 13)
Dieser befreiende Ruf in die Nachfolge sollte in der Predigt so deutlich werden wie daß er *allen* gilt. Gemeinde und Prediger sind gleichermaßen gemeint und niemand ist eindeutig einer Rolle zuzuordnen, sondern in unterschiedlichen Situationen kann man sich mit Zöllnern oder Pharisäern identifizieren – bleibt aber immer ein von Jesus angesprochener. Dies entbindet Prediger und Gemeinde davon, alle bisherigen eigenen Bemühungen um Barmherzigkeit zu leugnen, um als »Sünder« angesprochen zu werden (siehe »Annäherungen«) und ermöglicht gleichzeitig die Einsicht, daß sie weder perfekt sind noch es in der Nachfolge sein müssen. Als Gegenstück zu seiner Forderung nach Barmherzigkeit sagt er uns seine Gnade zu.
Dieser Zusammenhang kann sicher manchen Menschen – vor allem Frauen – helfen, die eigene Selbstüberforderung zu erkennen und zu überwinden. In diesem Zusammenhang sollte auch deutlich gemacht werden, daß Barmherzigkeit keine typisch weibliche Eigenschaft ist. Ansonsten sollte das in der Predigtannäherung angesprochene »Frauenproblem« nicht besonders anhand dieser Perikope problematisiert werden, doch sollten durch die Beispiele und die Darstellungsweise Zuhörer und Zuhörerinnen jeweils sehr konkret angesprochen werden.
Da die Anfragen an den Predigttext sich hier aus der Gottesdienstgemeinde ergeben, würde ich als Alternative eine dialogische Predigtform anbieten. Damit kann zudem die Interpretation der Namensgleichheit von Evangelist und Zöllner (Grundmann, Pokorny, Josuttis), die die Sonderrolle des Evangelisten in seiner Gemeinde aufhebt, nicht nur von der Kanzel »heruntergepredigt« werden, sondern mit anderen auf einer Ebene deutlich gemacht werden. (siehe alternative Predigtmöglichkeit)

Vorschläge zur Liturgie

Eingang

Wir sind hier zusammengekommen aus unserem Alltag, dem Streß, der Hektik und einer oft fast besinnungslosen Aneinanderreihung von Terminen und Aktivitäten, aber auch aus der Einsamkeit einer fast leeren Wohnung und dem Gefühl, nicht gebraucht zu werden.
Deshalb haben wir uns hier mit ganz unterschiedlichen Erwartungen versammelt,

– um eine Pause zu machen,
– um andere zu treffen,
– um Zuspruch zu finden durch Gottes Wort,
– um stille zu werden und zu beten.

Herr, wir alle sind von Dir eingeladen, teilzuhaben an Deiner Gnade und Güte, und der durch Dich gestifteten Gemeinde und Gemeinschaft und so wollen wir diesen Gottesdienst gemeinsam feiern, singen, beten, zuhören, still werden und darüber nachdenken, was wir aus dieser kurzen Zeitspanne mit hinausnehmen können in den Alltag.

Sündenbekenntnis

Herr, wie häufig sind wir uns selbst genug, jeder für sich allein oder auch wir als Gemeinde.

Abfällig und selbstgerecht schauen wir auf die, die anders leben und sind als wir.

Manchmal fragen wir uns auch – vielleicht auch nur uneingestanden –, ob die, denen es schlecht geht, nicht doch daran selbst schuld sind, an ihren Krankheiten, ihren Ängsten vor der Zukunft.

Wir aber sind furchtbar enttäuscht und fühlen uns ungerecht behandelt, wenn wir leiden und sich niemand darum kümmert.

Deshalb sind auch wir immer wieder auf Deine Vergebung angewiesen und bitten Dich deshalb um Dein Erbarmen.

Gnadenzusage

In Jesus Christus erfahren wir, was Liebe heißt.
Er gibt uns nicht auf.
Er ermuntert uns durch seinen Geist, über unseren Schatten zu springen.
Wir können weitergehen, als wir meinten.
Wir preisen seine Barmherzigkeit.

(aus: »Liturgieentwürfe für das Kirchenjahr« Heft 36 – Materialhefte der Beratungsstelle für Gestaltung von Gottesdiensten und anderen Gemeindeveranstaltungen, Frankfurt o.J. [1982] S. 94)

Kollektengebet

Herr, Du bist dem Leiden nicht aus dem Weg gegangen.
Hilf, daß auch wir trotz aller Angst den Mut gewinnen,
Dir nachzufolgen.

(»Liturgieentwürfe ...« Ffm o.J. – 1982 – S. 94)

Fürbittengebet

Laßt uns beten zu Gott, der uns Gesundheit und Schaffenskraft, aber auch Schwächen gegeben hat,

– für alle Arbeit in Politik, Geschäft und Familie, in Industrie und Diakonie; daß unser aller Arbeit gesegnet sei, daß wir einander helfen, glücklich und menschenwürdig zu leben.

- für alle, die mit den Anforderungen, die das Leben stellt, nicht fertig werden, und für die, die sich minderwertig vorkommen, daß sie erfahren, wie wertvoll sie sind.
- für alle, die sich nutzlos fühlen, weil sie krank oder behindert sind, daß wir miteinander Möglichkeiten für sinnvolles Leben entdecken.

Gott, Dir ist jeder Mensch unendlich viel wert.
So stärke in uns den Willen, auch mit unseren Begabungen zum Glück anderer Menschen beizutragen.
Gib uns Anteil an dem erlösten Leben, das du uns in Christus angeboten hast.
(aus: »Liturgieentwürfe für das Kirchenjahr« Heft 36 – Materialhefte der Beratungsstelle ... Frankfurt o.J. [1982] S. 87)

Segen
Gehet hin in Frieden – Eure Gedanken seien Vorbereiter der Versöhnung
Gehet hin in Frieden – Eure Worte seien Ermutigungen zum Leben
Gehet hin in Frieden – Eure Taten seien Anstiftungen zum Glück.

Liedvorschläge
»Danke für diesen guten Morgen« SC 729; »Nun lob, mein Seel, den Herren« EKG 188; »Dir, dir, Jehova will ich singen« EKG 237 (bes. Vers 5–7); »Herr, deine Liebe ist wie Gras und Ufer« SC 756; (»Fürwahr er trug unsere Krankheit« SC 630); »Komm, sag es allen weiter« SC 700

Vorschlag zur Predigt

Möglicher Anfang
Liebe Gemeinde, Jesu Satz (Vers 13), »daß nicht die Gesunden den Arzt brauchen, sondern die Kranken«, ist ein sehr bekanntes Wort und deshalb bleibt unser Ohr daran hängen, und unsere Gedanken kreisen um diese Aussage. So fiel auch mir beim Lesen dazu eine Begebenheit ein:
Ein Bekannter von mir – ein sportlicher Mann Anfang vierzig – ging auf die Bitte seiner Frau hin zum Arzt. Er hatte seit einigen Wochen manchmal eine Verhärtung in der Wade, die sich jetzt fest anfühlte. Um seine Frau zu beruhigen, Streit zu vermeiden, denn er fühlte sich in keiner Weise krank, vereinbarte er mit einem bekannten Arzt, einem Chirurgen, einen Termin vor der Praxisöffnung, um anschließend pünktlich wie immer im Büro zu sein. Noch vor acht Uhr war in einer kleinen Operation eine kleine runde erbsengroße Geschwulst aus der Wade entfernt worden. Als nach zwei Tagen der pathologische Befund vorlag, wurde er noch einmal nachoperiert. – Es folgte eine kurze Strahlentherapie, die ihn ganz schön schaffte, anschließend eine Kur, in der er viel über sich und sein Leben nachdachte.
Inzwischen ist er ziemlich sicher, daß dieser Tumor keine weiteren Folgen hatte; in vielen Gesprächen hat er mir aber erzählt, wie sehr es ihn in vielen

Vorstellungen erschütterte, daß er sich so sicher war, gesund zu sein und gesund zu leben und dabei doch so gefährdet war.
Aus den Krebsstatistiken weiß man, daß das größte Risiko ist, daß eine Krebserkrankung spät, zu spät für eine erfolgreiche Behandlung erkannt wird.

Zum weiteren Verlauf
Ausgehend von diesem Erlebnis, zu dem sicher den meisten Gottesdienstbesuchern eigene Beispiele einfallen, wozu ich ihnen auch Zeit lassen will, möchte ich zuerst der Frage nachgehen, was »Krankheit« ist, wen wir als »krank« empfinden und wie wir »Krankheit« selbst leben.
Bemerkenswert und erstaunlich ist, daß ein auf den ersten Blick so klarer Begriff gar nicht so eindeutig ist, sondern daß es viele »Grauzonen« gibt. (Psychische Krankheiten, psychosomatische Beschwerden, Stoffwechselbesonderheiten, die nur unter bestimmten kulturellen Bedingungen eine Problematik darstellen wie die Sichelzellenanämie oder die Zöliakie). Da es also aus biologischen Gründen keine absolute Gesundheit geben kann, kommt es darauf an, wie man mit seinen kleinen und großen Besonderheiten, Beschwerden, Handicaps und »echten Krankheiten« umgeht. Dies würde ich an einigen Beispielen konkretisieren. Ein großes Problem stellt dabei für viele die Betonung von Gesundheit in unserer Gesellschaft dar, die dazu führt, daß der Mensch nur nach seinem *Nutzeffekt* beurteilt wird. Nur wer gesund und fit ist, ist auch effektiv und kann erfolgreich sein! (Die verschiedenen Fitneßwellen der letzten Jahre, vom Wandern über Aerobic, Jogging bis zu Tennis und Radfahren, unterstützt durch Gesundheitswässerchen und Diäten, sind dafür gute Belege.) Diese Einstellung macht aber *blind für die eigenen Gefährdungen und Schwächen*, die wir alle haben, läßt die Besonderheiten von anderen nicht gelten und erschwert es sehr, diese selbstgewählte Rolle zu durchbrechen. – Helfen kann man aber nur dem, der sich auch helfen lassen will, also *einsieht, daß er nicht vollkommen ist und bereit, sich zu verändern.* Weiter würde ich das Beispiel nicht bearbeiten, sondern zu der Perikope zurückkommen mit einem Hinweis auf die Pharisäer und daß Jesus gegen diese Vorstellung eine neue Wertsetzung eingebracht hat, indem er *Sünder und Kranke* in den Mittelpunkt rückte. Deshalb wendet er sich ernsthaft den Zöllnern zu, ißt mit ihnen, geht eine Gemeinschaft mit ihnen ein. Ihr »Sündersein« ist offensichtlich, aber er macht mit ihnen keine gemeinsame Sache, sondern er hat den Zöllner aus seiner Zollstelle herausgerufen und dieser folgte ihm.
Deshalb kann es Jesus auch nicht um die Einhaltung von (kultischen) Vorschriften und die Klassifizierung von Menschen gehen, sondern er bemüht sich um jeden und gibt keinen verloren – so gibt er konsequenterweise auch an die, die ihm nachfolgen wollen, den Auftrag, barmherzig miteinander umzugehen.
Bei der anschließenden Übertragung auf uns möchte ich zeigen, daß es wie vor 2000 Jahren auch heute Menschen gibt, mit denen wir nichts zu tun

haben wollen, weil sie gegen uns wichtige bürgerliche und/oder christliche Regeln verstoßen (Straftäter, Penner, Drogenabhängige, oder aber Ausbeuter, Umweltsünder usw.), daß aber auch wir gegen Regeln verstoßen, im Straßenverkehr, bei der Steuer ... (Wenn überhaupt, so könnte man an dieser Stelle auf die Bedeutung des Namens des Zöllners eingehen.) Das bedeutet, daß wir sowohl Pharisäer als auch Sünder sind (!) und Jesus damit mit seinem Angebot auch jeden von uns meint – wenn wir nicht so selbstgerecht werden, daß wir uns für vollkommen, für nicht mehr hilfs- und vergebungsbedürftig halten.
Diese Einsicht sollte uns helfen, den eigenen Perfektionimuswahn zu überwinden. Für diesen gibt es gerade im kirchlichen Bereich immer wieder Beispiele, deren selbstzerstörerische Kraft man deutlich machen sollte. Demgegenüber möchte ich auf die befreiende Kraft dieser Botschaft hinweisen, die uns ermöglicht, uns immer wieder in die Nachfolge rufen zu lassen und den Auftrg geben zu lassen, Barmherzigkeit zu üben!
Und zwar üben im doppelten Wortsinn, denn sie muß auch erlernt und eingeübt werden. Dazu ist es wichtig zu wissen, welche Wirkungen mit diesem alten Begriff eigentlich beschrieben werden – menschliche Gemeinschaft, Geborgenheit und Fürsorge z.B. – Ich habe den Eindruck, daß in den letzten Jahren nicht nur der »alte« Begriff aus dem öffentlichen Bewußtsein verschwunden ist, sondern daß auch in den Gemeinden der einladende Charakter gegenüber sog. Randgruppen wieder stärker in den Hintergrund getreten ist. Deshalb ist die Frage, wie man Barmherzigkeit erlernen kann und dazu sollte man auf Beispiele hinweisen, auf Menschen, die im Alltag barmherzig sind und dadurch Vorbilder sein können. Man sollte nicht nur Mutter Theresa und Albert Schweitzer vorstellen, denn die erscheinen unerreichbar und nicht nachvollziehbar, aber Helfer in der Kinder- und Behindertenbetreuung, der Altenarbeit ... sind normale Menschen.

Möglicher Schluß
In einer Welt, die wir an vielen Stellen als »krank« empfinden, kann so Jesu Zusage, zu den Sündern und Kranken zu kommen, und sein Auftrag, barmherzig miteinander umzugehen, ein Hoffnungsschimmer sein. Wenn wir den Mut finden, uns auf den unsicheren Weg seiner Nachfolge zu begeben, kann dies eine Antwort sein auf die Probleme und die Kälte dieser Welt. Dabei müssen wir nicht perfekt sein, muß die Welt nicht in kürzester Zeit sich verändert haben, vielmehr dürfen wir miteinander Gemeinschaft erleben und immer wieder seinen Ruf hören und im Alltag einen Schritt in seiner Nachfolge gehen.

Alternative Predigtmöglichkeit

Nach dem Verlesen des Predigttextes könnten zuerst ein aktives Gemeindeglied und später ein Konfirmand ihre ersten Eindrücke und Anfragen vortragen. Dafür bieten sich die Formulierungen der »Predigtannäherung«

an. Das aktive Gemeindeglied fragt als zweifelnder »Gerechter«, worauf der Predigende seine eigenen Anfragen ergänzen und dann mit der »Pharisäer-und-Zöllner-in-uns« Darstellung antworten könnte. Der Konfirmand kann dann nach der Barmherzigkeit fragen; die Belegbeispiele für die Antwort sollten dann auch z.T. aus der eigenen Gemeinde gewählt werden. (Hier könnte auch das Lied von R. Mey »Danke für deine Zeit« eingespielt oder vorgetragen werden.)

Kontext

Reinhard Mey »Hab' Dank für Deine Zeit« (auf: »Balladen« erschienen bei Intercord, Maikäfer Musik Verlagsgesellschaft, Berlin 1988)

Ich, der den Hut vor keinem zieht,
Vor keinem Herren niederkniet,
Und dessen Nacken nicht lernt, sich zu neigen,
Ich komm', weil ich Dir sagen will:
Dein Beispiel macht mich klein und still
Und bringt mein freches Lästermaul zum Schweigen.

Die Kinder hängen an Dir dran,
Keins, das allein auskommen kann.
Ich seh' Dich aus der kleinen Herde ragen.
Mißliebige Blicke manchmal,
Sie sind nicht sogenannt »normal«.
Laß mich für die sprachlosen Münder sagen:

Hab' Dank für Deine Zeit,
Hab' Dank für Deine Freundlichkeit,
Für die Arbeit Deiner Hände
Für den Mut, der Widerstände
Überwindet und alle Engstirnigkeit.
Hab' Dank für Deine Zeit!

Du, die im Altenheim, wie's heißt,
Geduldig zuzuhören weißt,
Wo wir die alten Leute nur verwalten.
Denen, die dort vergessen sind,
Bist Du Verwandter, Freund und Kind
Der einz'ge Besuch, den sie erhalten.

Du in dem großen Krankenhaus,
Machst Deinen Dienst tagein tagaus,
Und Du besitzt die Kunst, Leiden zu mindern.
Kein Ruhm, kein Orden, der Dir fehlt,
Die Aufgabe, die Dich beseelt,
Ist Trost zu geben und Schmerzen zu lindern.

Hab' Dank für Deine Zeit, ...

Sexagesimae

Annäherungen an den Predigttext Jesaja 55,(6–9)10–12a

Axel Denecke

Vorbemerkung
Ich habe den Text (den ganzen, weil ich selbst spontan – noch ohne jede exegetische Kontrolle – von dem gesamten Text und der Fülle der Bilder angesprochen war) einer Gruppe von jungen Menschen (im Nach-Konfirmanden-Alter) und älteren Menschen vorgelegt. Das Überraschende – wirklich überraschend? – war, daß beide Altersgruppen in fast gleicher Weise auf diesen Text reagierten. Ein Zeichen dafür, daß manche (vielleicht gar alle?) Bibeltexte unabhängig von Alter, Geschlecht, sozialer Schicht usw. elementare Grunderfahrungen (Ängste und Sehnsüchte) im Menschen ansprechen? Ob dies für alle biblischen Texte gilt, weiß ich nicht. Für diesen Text jedoch scheint es zu gelten.

Reaktionen der Abwehr
»Ein viel zu großer Text – viel zu vollmundig«, »Gott schwebt hier souverän über allem«, »Gott steht hier dem Menschen mit all' seinen Fragen so hart gegenüber«, »Fremde kirchliche Sprache«, »Viel zu große Worte in den Zusagen« (gemeint war: »So wird er sich seiner erbarmen ... bei ihm ist viel Vergebung ... Mein Wort kehrt nicht leer zurück«), »Wie man über einen solchen Text nur predigen kann, da muß doch Sprache Kanaans herauskommen«, »An so einen Gott kann (oder will) ich nicht glauben«.

Reaktionen der Zustimmung
»Ein schön vollmundiger Text. Endlich 'mal einer, der nicht Wenn und Aber und Vielleicht – Vielleicht aber auch nicht sagt, sondern: So ist es. Das brauchen wir.«, »Hier wird von einem starken Gott gesprochen, auf den man sich verlassen kann«, »Gott ist hier zwar so souverän und ganz anders, in allem aber doch gnädig und voll Erbarmen«, »Die vielen Bilder im Text gefallen mir. Wenn Gott so verläßlich wäre wie Regen und Schnee, wie Samen und Brot, das wäre schön«.

Fragen an den Text
(von mir in eigenen Worten zusammengefaßt)
Welches Gottesbild wird uns hier vermittelt? Ein Gott, der hoch über uns

schwebt und der souverän sagt: »Meine Gedanken sind nicht eure Gedanken«? Ist das Abwehr oder Zuwendung? Wie soll ich das verstehen? Ist es gut für mich, daß Gottes Gedanken (zum Glück) andere Gedanken sind als meine Gedanken? Oder ist es ein Zeichen dafür, daß ich doch an Gott sowieso nicht 'rankomme und ihn sein lasse, wie er ist? Gerade diese Frage wurde sowohl von älteren Menschen (Lebenserfahrungen einbringend: »Es kommt doch alles anders als man denkt«) wie auch von jüngeren Menschen (Wie soll ich mich orientieren bei den 1000 Sinnangeboten, die es gibt?) geäußert.
Andererseits: Hier ist doch auch vom »Suchen« und »Anrufen« und von »Erbarmen« und »viel Vergebung« die Rede. Ist es nicht gerade gut, daß Gott so anders ist, als wir ihn uns denken, daß wir uns wirklich kein endgültiges Bild von ihm machen können, daß er uns immer überlegen ist? Nur so ist er unparteiisch und urteilt ohne Ansehen der Person. »Er läßt seine Sonne aufgehen über Gute und Böse und läßt regnen über Gerechte und Ungerechte« (Mt 5,45). Das ist gut so! Denn in allem will er ja barmherzig sein. Er läßt sich auch nicht beirren durch all die Dummheiten, die wir machen – so wie der Regen fällt, so hält er zu uns. Denn er tut, wie er sagt: »was mir gefällt«.
Wieder andererseits: Ist das für jeden so einsichtig? Ist da nicht der Glaube Voraussetzung, um sich vertrauensvoll darauf einlassen zu können? Ist das eine innerkirchliche Vergewisserung (vgl. die kritischen Anfragen: Kirchensprache)? Und wenn es ihm gefällt, uns alle zu zerstören? Das aber gefällt ihm gerade nicht.

Ergebnis und eigener Kommentar
Es entstand in beiden Kleingruppen eine sehr rege, z.T. auch kontroverse Diskussion um das »Gottesbild« dieses Textes. Was ist das für ein Gott, der uns hier geschildert wird? Das war im Grunde die einzige, allerdings ungemein elementare Frage, die an den Text herangetragen wurde.
Ich frage mich, ob damit nicht eben auch – im Spiegel der Frage nach Gott – die Frage nach sich selbst involviert ist. Wer bin ich? Bin ich (unausgesprochen: als »Ebenbild Gottes«) ähnlich wie es von diesem Gott geschildert wird? Will ich so sein? Will ich etwa gerade anders sein? Wer möchte nicht von sich sagen: »Mein Wort kommt nicht leer zurück«?
Meine Vermutung: In Zustimmung und Abwehr (im Grunde gab es keine reine Zustimmung und Abwehr, sondern nur Mischformen von beidem) zu dem Gottesbild drückt sich auch Zustimmung und Abwehr zum eigenen Lebensentwurf aus. Deshalb eben wurde der Text von jüngeren und älteren Menschen in gleicher (intensiver) Weise aufgenommen. Letztlich ist es kein Text – trotz seiner angeblich kirchlichen Sprache –, der den Hörer/die Hörerin neutral reagieren läßt, sondern der in der Zuspitzung seiner Aussagen zu eigenen Positionen herausfordert. Darüber müßte man wirklich gut predigen können – vielleicht unter dem frechen Motto: »Sage mir, was du von Gott hältst, und ich sage dir, was du von dir selber hältst!«

Zum Gottesdienst

Klaus Eulenberger

Theologisch-homiletische Skizze

»Alles Fleisch ist Gras ..., *aber* das Wort unseres Gottes bleibt ewiglich«: So hieß es in Jes 40,6–8. Und hier: »Das Wort, das aus meinem Munde geht, ... wird nicht wieder leer zu mir zurückkommen, sondern wird tun, was mir gefällt« (Vers 11). Prolog und Epilog des Deuterojesaja versichern, daß alles, was 16 Kapitel ausbreiten, nicht bloß *Text* ist. Was Gott spricht, hat Bestand, und es wird geschehen: Das ist der »Rahmen« (Westermann) der Verkündigung des zweiten Jesaja.
Axel Denecke (vgl. die »Annäherungen«) fragt sich, ob die Frage nach Gott nicht auch die Frage der Menschen nach sich selbst spiegelt. Gewiß: »Sprache ist Hoffnung, gehört zu werden« (H.J. Schultz, Sprache ist Hoffnung, gehört zu werden. In: H.J. Schultz [Hg.], Einsamkeit, Stuttgart/Berlin 1980, S. 228ff.), dieser Satz gilt für Gott und Menschen gleichermaßen. Relativ unabhängig von der gegebenen historischen Situation drücken die Sätze aus dem Deuterojesaja-Epilog den Wunsch Gottes aus, nicht ins Leere zu sprechen – einen Wunsch, den er mit seinen menschlichen Geschöpfen teilt. Eine Predigt, die auf der beständigen Wirkungsmächtigkeit des göttlichen Wortes besteht, ohne daß sie auf die Frage nach dem Bestand und der Kraft der menschlichen Wörter einginge, kann ich mir nur schwer vorstellen, würde sie im übrigen auch nicht gern zu hören bekommen. Allerdings hätte ich, wenn ich heute über Jes 55 predigen sollte, auch keine Neigung, die dort behauptete Kraft des Wortes unendlich zu problematisieren. Hinweise und Argumente *gegen* diese Kraft gibt es in hinreichender Fülle; sie müssen, finde ich, nicht verstärkt werden. Daß aber nicht alles, was aus dem Mund Gottes geht, sogleich in den leeren Kreislauf der Zeichen eingeht, ist doch eine Predigt wert, die vielleicht auch nicht nur als Wörter-Haufen (der am folgenden Tag von einer Putzfrau aufgekehrt wird, wie in der Karikatur) am Fuße der Kanzel liegen bleibt. Überzeugt »Von der Kraft der Wörter« (so der Titel des kleinen Suhrkamp-Bändchens »Zwischen den Jahren« von 1988), zuversichtlich und gelassen im Blick auf die Wirksamkeit des Gesprochenen, möchte ich mich an die Gottesdienst-Arbeit machen. Das Evangelium (Lk 8,4–8 – *ohne* die »Deutung« Vers 9–15!) bestärkt mich in solcher Unbekümmertheit. Soviel auch daneben geht: Was der Sämann sät, bringt doch immer noch *hundertfach* Frucht!
Ein Text-Problem bleibt zu klären: Gehört Vers 7 dazu, oder ist er (wie viele mit Westermann meinen) »Zusatz eines Lesers«? Der Satz kann im Sinne von Ez 18 gedeutet werden, als Bekräftigung der These, daß Gott die Menschen im Licht ihrer Gegenwart sieht und nicht im Schatten »angehäufter« Schuld aus vergangener Zeit: »Wenn sich aber der Gottlose bekehrt von allen seinen Sünden, die er getan hat, und ... übt Recht und Gerechtigkeit, so soll er am Leben bleiben und nicht sterben« (Ez 18,21). *[»In dem Maße ..., in dem die Niederlage von 597 und 586 als Folge der Taten vieler früherer Generationen wahrgenommen und begriffen wurde, wuchs die Gefahr, daß die gegenwärtige Generation sich selbst nur als Opfer, als ›Ausbadende‹ ohne eigene Praxismöglichkeit begriff. Dann aber wird der Spruch ›Die Väter essen saure Trauben, und den Söhnen werden die Zähne stumpf‹ zum Ausdruck der lähmenden Gewißheit, man könne ja doch nichts tun. Gegen diese Lähmung setzt Ez 18 die Maxime: Es kommt auf jeden einzelnen an – es gibt zu jeder Zeit die Möglichkeit zur Umkehr, zur Praxis des Lebens! ... Wie Ez in seiner langen Trostverweigerung falsche Hoffnungen zerschlägt, zerschlägt er mit Kap. 18 die Eingewöhnung ins Gegebene als*

bequemen Weg der zur Weisheit erhobenen Resignation.« Jürgen Ebach, Die Niederlage von 587/6. In: Einwürfe 5. Umgang mit Niederlagen, München 1988, S. 94f.] So gelesen, bestünde Jes 55,7 auf der Freiheit Gottes, der an die Übeltaten der Geschöpfe nicht gebunden ist: So gewiß seine Gedanken nicht ihre Gedanken sind, so gewiß »muß« er sie nicht bestrafen für das, was sie bis jetzt in Gedanken und Taten verdorben haben, wenn sie sich denn *bekehren* zu ihm. Dann wäre Vers 7 nicht späterer Zusatz, sondern ein Appell an die, die angesprochen sind: Legt Gott nicht fest auf eure Gedanken über ihn (darauf, daß er euch vergelten wird nach dem Maß begangener Schuld), steht dem *Neuen* nicht im Weg, das *jetzt aufwächst* (43,19)! Denn: Soviel der Himmel höher ist als die Erde, so sind auch seine Gedanken höher als eure Gedanken – oder: *läßt er seine Gnade walten über denen, die ihn fürchten* (Ps 103,11). Mithin: Laßt, was Gott tun will, nicht scheitern an jenem Atheismus, der Gott auf den Automatismus von Schuld und Sühne behaftet! (Vgl. auch das Eckhart-Zitat in den »Kontexten«).

Vorschläge zur Liturgie

Psalm 119, aus dem kleine Abschnitte vorgeschlagen sind, ist selbst ein Ausdruck des *Tun-Ergehen-Zusammenhangs*, der in Jes 55 nicht bestätigt wird. Ich ziehe als *Eingangspsalm* den 103. vor (1–17a.22b).

Lieder
EKG 129 [im neuen Evangelischen Gesangbuch: Nr. 166] (Tut mir auf die schöne Pforte); EKG 182 [im EG: Nr. 280] (Es wolle Gott uns gnädig sein); EG 198 (Herr, dein Wort, die edle Gabe); ein neues Lied:

Erleuchte und bewege uns

Text: Friedrich Karl Barth. Musik: Peter Janssens. Aus: Und der Brunnen ist tief
Rechte: Peter Janssens Musik Verlag, Telgte-Westfalen, 1987.

Vorschlag für ein Gebet zum Ende des Gottesdienstes
Du hast gesprochen, Gott, und geworden ist, was uns umgibt: Erde und Wasser, Feuer und Luft, die Lichter am Himmel und alles, was sich auf Erden regt.
Wir sind von dir gesprochene Wörter, ein andres jede und jeder von uns, aber alle »mit Ehre und Herrlichkeit gekrönt«, wenig niedriger als du, der Schöpfer.
Die Welt ist voll deiner Worte, an deren Botschaften wir deuten Tag um Tag.
Du selbst bist Wort, das im Anfang war – wer hat es gesprochen?
Du hast das Wort, das du bist, Mensch werden lassen – in allen deinen menschlichen Geschöpfen und in dem, den du für sie, für uns geboren hast, der dein ewiges Wort und unser Bruder ist, unser tägliches Brot.
Um seinetwillen laß uns achten auf das, was wir sagen, und sorgfältig hören auf die Worte, die uns gesagt werden. Laß uns Wörter und Worte finden, die aufbauen und kräftigen, fördern und heilen, trösten und Mut machen.
Laß unserer Sprache etwas von der Kraft des *Es werde* innewohnen, daß deine Schöpfung auch durch uns fortgesetzt wird.
Und sieh, Gott, wie bedürftig wir deiner Worte sind: Sprich nur ein Wort, so werden wir gesund, so schöpfen wir begründete Hoffnung, sind nicht mehr resignierte Opfer. Dein Wort tue, was dir gefällt, und es gelinge ihm, wozu du es sendest. Amen.

Vorschläge zur Predigt

Möglicher Predigtanfang
»Sprache ist Hoffnung, gehört zu werden«, schreibt ein Mann wenige Monate nach dem Tod seiner Frau. Er erzählt von seiner ziellosen Suche nach der Toten, schildert das, was er seinen *Gram* nennt, beschreibt seine hilflosen Versuche, durch Tagebuchschreiben gegen das Verstummen anzugehen: Aber immer ist es ja nur er selbst, der sich dort äußert, niemand antwortet ihm. »Sprache ist Hoffnung, gehört zu werden.« Wer den Mund zum Reden öffnet, tut es in der Erwartung, etwas auszurichten, eine Reaktion auszulösen, eine Antwort zu bekommen. Wer lange nicht gehört wird, hört auf zu sprechen oder murmelt nur noch in sich selbst hinein.
Um die Mitte des 6. Jahrhunderts vor Christus spricht jemand, über den wir nichts wissen, zu einer Gruppe von Menschen, die betrübt, verbittert, resigniert oder aufsässig sind – oder alles zusammen. Sie sitzen *im Elend* – in einem fremden Land, wohin sie nicht gehören, wo sie – stellvertretend für andere – eine ungeheure Strafe abbüßen, wo sie zu eigener Lebensgestaltung unfähig und (so glauben sie) von Gott abschnitten sind. Ihnen – den Menschen aus Juda und Jerusalem, die seit Jahren und Jahrzehnten Gefangene des babylonischen Reiches sind – sagt ein Mensch im Namen Gottes an, was ihnen unglaublich erscheinen muß:

»Ihr sollt in Freuden ausziehen und im Frieden geleitet werden. Berge und Hügel sollen vor euch her frohlocken mit Jauchzen und alle Bäume auf dem Felde in die Hände klatschen.«
Immer wieder redet er so, und man fragt sich, woher er die verlockende Kraft seiner Verheißungen nimmt, woher die Schönheit der Bilder, die Vitalität der Formulierungen. Er spricht doch zu Menschen, die in Jahren der Verbannung strapaziert und heruntergekommen sind. *Sie* können ihn nicht inspiriert haben zu Sätzen wie diesem: *»Ich habe dich einen kleinen Augenblick verlassen, aber mit großer Barmherzigkeit will ich dich sammeln«* (54,7). Sie werden ihn gefragt haben: Woher nimmst du das? Wer steht dafür ein, daß es so kommt, wie du sagst? Er antwortet, im Namen Gottes: *»Meine Gedanken sind nicht eure Gedanken ...«* (*Lesung der Verse 8–11*)
Ob solche Versicherung die Zweifelnden überzeugt hat? Ist die Behauptung, das Wort Gottes werde sich durchsetzen, nicht selbst nur ein Wort? Gewiß: Das Gleichnis, das in der Gottesrede erscheint, hat eine ursprüngliche Kraft. Der Regen, der vom Himmel fällt, weckt die Fruchtbarkeit der Erde! Jeder weiß das, weiß auch, daß – so gewiß es einen Wasserkreislauf gibt – der Regen, der jetzt fällt, kein Geschenk auf Widerruf ist: Dieses Wasser kehrt nicht in die Wolken zurück, es bleibt der Erde, es sorgt dafür, daß aufgehen kann, was an Samen in ihr liegt, daß wachsen und blühen und Frucht bringen kann, was Pflanze und Gewächs ist. Aber stimmt das Gleichnis denn? Ist *das Wort, das aus dem Munde Gottes geht*, so wie der Regen, der die Erde fruchtbar macht? Verhält es sich mit ihm denn wirklich so, wie es am Anfang der Bibel beschrieben ist: *»Und Gott sprach: Es werde Licht! Und es ward Licht«* (Gen 1,3)? Man kann daran zweifeln, und die Menschen im babylonischen Exil werden es getan haben.
Aber liegt nicht auch auf der Hand, daß das Wort Gottes kein anderes Schicksal haben kann als die Menschen-Worte? Wieviel an Gesprochenem und Geschriebenem geht verloren, verschwindet irgendwo, bleibt ungehört und ungelesen, wirkungslos und unfruchtbar! Das ließe sich vertiefen, übrigens auch im Bick auf die Verheißungen jenes Propheten, aus dessen »Trostbuch« der Predigttext für diesen Sonntag genommen ist. Aber vielleicht ist der entgegengesetzte Versuch verheißungsvoller: der Versuch, sich *der Kraft des Wortes und der Wörter* zu vergewissern.

Zum weiteren Verlauf
Nicht nur die Literatur – einschließlich der Bibel –, sondern auch das Leben ist voller Hinweise auf die Wirkungsmächtigkeit der Sprache.
»Wenn ich zu einem sage: Geh hin!, so geht er; und zu einem anderen: Komm her!, so kommt er; und zu meinem Knecht: Tu das!, so tut er's«, so begründet der Hauptmann von Kapernaum (Mt 8,5ff.) Jesus gegenüber seinen Wunsch, er – Jesus – möge *nur ein Wort* sprechen, damit der kranke Knecht gesund werde. – Wenn die Leviten

(in Neh 8) die durch die Verlesung der Tora erschütterten Menschen auf dem Platz vor dem Wassertor trösten: *»Seid nicht traurig und weint nicht, ... und seid nicht bekümmert; denn die Freude am HERRN ist eure Stärke!«*, dann gehen sie und *machen ein großes Freudenfest*. – Die Mutter, die ihr von bösen Träumen aufgewecktes Kind mit dem Satz tröstet, es sei *alles gut*, sorgt – als *»Hohepriesterin der Ordnung«* – dafür, daß das Kind wieder einschlafen kann: Darüber meditiert Peter Berger in seinem Buch »Auf den Spuren der Engel«, Frankfurt 1970, S. 82ff.) – Weitere Hinweise s. unter »Kontexte«.

Vielleicht sollten Predigerinnen und Prediger hier nicht gerade von den Wirkungen ihrer eigenen Worte sprechen, obwohl es auch hierüber Ermutigendes zu notieren gäbe. Motivierender für die Hörer könnte es sein, an die Wirkungen von Wörtern, Worten, Sätzen, Texten ... erinnert zu werden, die sich irgendwann in ihnen eingenistet haben, um sich dann (oft erst nach Jahren) zur Geltung zu bringen: Sätze, die »aufgegangen« sind wie Samen in regenfeuchter Erde. Die »Autoren« dieser Wörter/Sätze/Texte erfahren fast nie, was sie ausgelöst haben. Umgekehrt ahnen viele von uns nicht, welche Wirkungen das *Wort aus ihrem Munde* bei anderen hat: böse wie gute, aber – Gott sei Dank! – oft nachhaltig gute! Das Gleichnis vom Sämann (Lk 8,4–8) wird auch zur Parabel für die wunderbaren Folgen nur halb achtsamer Bemühungen: Soviel auch auf der Strecke bleibt, so sehr potenziert sich doch, was *auf gutes Land* fällt! – Eine sehr exponierte Auffassung bringt Viktor E. Frankl (der Begründer der sogenannten Logotherapie, der als Häftling in einem deutschen KZ gelernt hat, am *»Willen zum Sinn«* – so der Titel eines seiner Bücher – auch unter extremen Bedingungen festzuhalten) zur Geltung, wenn er notiert:

»Freilich ›nehmen wir nichts ins Grab mit‹; aber ... ins Protokoll der Welt ›aufgenommen‹ wird alles, unser ganzes Leben, all unser Schaffen, Lieben und Leiden; aufgenommen wird es in dieses Protokoll und ›aufgehoben‹, aufbewahrt bleibt es in ihm ... Und das Protokoll der Welt, das wir mit diktieren, ist unverlierbar; das macht den Trost und unsere Hoffnung aus. Aber es ist nicht nur unverlierbar, sondern auch unkorrigierbar, und das ist eine Warnung und eine Mahnung an uns« (in: Jahr- und Tagebuch, Kalenderblätter, gesammelt von Harald Beck, Stuttgart 1992, S. 426).

Und schließlich: Man stelle sich vor, in welcher Verlassenheit die *an den Wassern zu Babel Weinenden* geblieben wären, wenn unter ihnen nicht jenes *Wort Gottes* formuliert worden wäre, das die ganze Geschichte *von Anbeginn der Erde* (40,21) bis zum Heute der Verbannten neu deutete, als Zeit der bestimmenden Präsenz Gottes nämlich; wenn ihnen darin nicht das Mitleid Gottes begegnet wäre, wenn ihnen statt Trost und Hoffnung die Logik der Vergeltung vorgehalten worden wäre. Viele sind über den Worten der Tröstung gestorben, gewiß; aber es macht doch einen Unterschied, ob ich sterbe mit der Hoffnung, daß meine Tränen auf den Gesichtern der Kommenden getrocknet werden, oder ob ich ohne diese Hoffnung vergehen muß! Und stellt nicht das *Wort Gottes* in der Diktion Deuterojesajas schon das her, wovon es spricht?

Möglicher Schluß

Den Anfang des heutigen Predigttextes habe ich Ihnen bisher noch vorenthalten; er scheint nicht recht zu den folgenden Sätzen zu passen, die wir schon kennen. Dort heißt es: *»Suchet den HERRN, solange er zu finden ist«* (besser die Zürcher Bibel: *»Sucht ihn jetzt, da er sich finden läßt«); »rufet ihn an, solange er nahe ist. Der Gottlose lasse von seinem Wege und der Übeltäter von seinen Gedanken und bekehre sich zum HERRN, so wird er sich seiner erbarmen, und zu unserem Gott, denn bei ihm ist viel Vergebung.«* Darauf folgt der Satz über *»meine Gedaken«*, die *»nicht eure Gedanken«* sind. Was soll der Appell an die Gottlosen und Übeltäter, was bedeutet die Aufforderung, Gott zu suchen, an dieser Stelle? Wenn *das Wort, das aus Gottes Mund kommt, tun wird, was ihm gefällt*, wenn es *nicht* eintritt in den leeren Kreislauf der Zeichen – was liegt dann an dem Bemühen derer, die Gott suchen, und an der Umkehr der Übeltäter? Nun: Wenn Gott nicht *gesucht* wird, wenn die *Übeltäter* sich selbst auf ihre und die Vergehen ihrer Vorfahren festlegen und sagen: Es geschieht uns ganz recht, wir ernten nur die Früchte ihrer und unserer bösen Taten – dann kann *das Neue* nicht wahrgenommen werden, das schon aufwächst (43,19), dann feuchtet der Regen die Erde nicht und macht sie nicht fruchtbar, sondern er kehrt *leer* zum Himmel zurück, unverrichteterdinge. Dem *Wort, das aus dem Mund Gottes geht*, kann nur *gelingen, wozu er es sendet*, wenn es auf bereite Menschen trifft: auf Menschen, die Gott nicht in den Mechanismus von Schuld und Sühne zwingen, sondern ihm zutrauen, daß seine *Gedanken höher sind* als ihre eigenen und er ihnen eine Zukunft gibt, die sie für sich nicht mehr sehen. Das Wort des Lebens, das Gott spricht, kann nur wirken unter Menschen, die sich darauf verlassen, daß Gott ein Gott der Gegenwart ist und nicht der Vergangenheit, daß er sieht, was einer *jetzt ist* und nicht, was er *war*, daß angehäufte Schuld ihn nicht hindert, die Gefangenen *in Freuden ausziehen* zu lassen in die Freiheit.

»Sprache ist Hoffnung, gehört zu werden.« Das gilt für die Sprache Gottes wie für die der Menschen. Wenn sie nicht für möglich halten, was er tun will – wie könnte es geschehen? Wie können sie das Brot der Zukunft essen, wenn sie nicht zulassen, daß er die Saat des Lebens wachsen läßt, weil sie sich abschirmen gegenüber *Regen und Schnee*, die vom Himmel fallen?

»Ihr sollt in Freuden ausziehen und im Frieden geleitet werden.« Daß es so kommen würde, daß es so kommen wird, dagegen gab und gibt es viele Einwände. Man kann es auch für möglich halten; dann ist es leichter für Gott, das Seine zu tun.

Kontexte

Nelly Sachs:

»Wenn die Propheten einbrächen / durch Türen der Nacht / mit ihren Worten Wunden reißend / in die Felder der Gewohnheit –

Wenn die Propheten einbrächen / durch die Türen der Nacht / und ein Ohr wie eine Heimat suchten – Ohr der Menschheit / du mit dem kleinen Lauschen beschäftigtes / würdest du hören?
Wenn die Propheten aufstünden / in der Nacht der Menschheit / wie Liebende, die das Herz des Geliebten suchen, / Nacht der Menschheit. / Würdest du ein Herz zu vergeben haben?«

Meister Eckhart:
»Wenn aber der Mensch sich völlig aus den Sünden erhebt und ganz von ihnen abkehrt, dann tut der getreue Gott, als ob der Mensch nie in Sünde gefallen wäre, und will ihn aller seine Sünden nicht einen Augenblick entgelten lassen; und wären ihrer auch so viele, wie alle Menschen (zusammen) je getan: Gott will es ihn nie entgelten lassen; er könnte mit einem solchen Menschen alle Vertraulichkeit haben, die er je mit einer Kreatur unterhielt. Wenn anders er ihn nur jetzt bereit findet, so sieht er nicht an, was er vorher gewesen ist. Gott ist ein Gott der Gegenwart. Wie er dich findet, so nimmt und empfängt er dich, nicht als das, was du gewesen, sondern als das, was du jetzt bist.« (Reden der Unterweisung. In: Josef Quint [Hg.], Meister Eckehart. Deutsche Predigten und Traktate, Darmstadt 1963, S. 72)

Friedrich Nietzsche:
»Die stillsten Worte sind es, welche den Sturm bringen. Gedanken, die mit Taubenfüßen kommen, lenken die Welt.«

Eine chassidische Geschichte:
»Wenn der Baal-schem etwas Schwieriges zum Nutzen der Geschöpfe zu erledigen hatte, ging er an eine bestimmte Stelle im Wald, machte ein Feuer und sprach, in mystische Meditationen versunken, Gebete; und alles geschah, wie er es sich vorgenommen hatte. Wenn, eine Generation später, der Maggid von Meseritz etwas Ähnliches vorhatte, ging er an jene Stelle im Wald und sagte: ›Das Feuer können wir nicht mehr machen, aber die Gebete können wir sprechen.‹ Und alles geschah, wie er es sich vorgenommen hatte. Wieder eine Generation später wollte auch der Rabbi Mosche Leib aus Sassow etwas ähnlich Wundersames vollbringen. Auch er ging in den Wald und er sagte: ›Wir können kein Feuer mehr machen, und wir kennen auch die geheimen Meditationen nicht mehr, die die Gebete belebten, aber wir kennen den Ort im Wald, wo das hingehört; das muß genügen.‹ Und es genügte. Als abermals eine Generation später der Rabbi Israel von Rischin eine solche Tat zu vollbringen hatte, setzte er sich in seinem Schloß auf seinen goldenen Stuhl und sagte: ›Wir können kein Feuer mehr machen, wir können keine Gebete mehr sprechen, wir kennen auch den Ort nicht mehr, wo man es tun müßte; aber wir können die Geschichte davon erzählen.‹ Und seine Erzählung hatte dieselbe Wirkung wie die Taten der anderen.« (Mitgeteilt von Wolfdietrich Schnurre in seinem Buch »Der Schattenfotograf«, Südwest Verlag, München)

Estomihi

Annäherungen an den Predigttext
Lukas 18,31–43

Klaus Eulenberger

Das Gespräch findet an einem Frühsommerabend statt. Beteiligt sind etwa fünfzehn Frauen, vier Männer im Alter von 42 bis 80 Jahren, alle nicht unvertraut mit biblischen Texten und ihrem Gebrauch im Gottesdienst, aber mit unterschiedlichen Voraussetzungen. Einige Frauen haben selbst schon Gottesdienste erarbeitet, andere bringen einiges an theologischem Vorwissen mit; die meisten Teilnehmer kommen in der Haltung interessierter Aufgeschlossenheit: Was will uns dieser Text sagen? Wir »geben ihn weiter« von einer zum anderen, so daß er vielstimmig hörbar wird. »Was ist Ihnen jetzt, beim Lesen und Hören, aufgefallen?« fragte ich, »was beschäftigt Sie?«
– Jesus »nimmt sich zurück. Er fragt den Blinden: Was willst *du*?«
– Welches ist der »rote Faden«, der beide Teile dieses Predigttextes miteinander verbindet? Gibt es ihn überhaupt? *Diese Frage wird sogleich aufgenommen, und einige Vermutungen werden geäußert:* Bestimmt gibt es einen inneren Zusammenhang zwischen der Blindheit der Jünger (Vers 34!) und der Heilung eines Blinden, der dann *sieht*. – Die Verbindung von zwei ganz verschiedenen Szenen macht deutlich, daß der dem Tod Entgegengehende einen anderen Menschen »wieder zum Leben bringt«!
– »Man kann sehen und doch etwas nicht erkennen; es kommt auf den *Glauben* an, der erst wirklich sehend macht, darum heißt es auch: ›Dein Glaube hat dir geholfen‹, das heißt: hat dich sehend gemacht.«
– *Der Blinde ist es, auf den sich im ersten Teil des Gespräches die Aufmerksamkeit konzentriert. Eine Frau scheint sich geradezu mit ihm zu identifizieren, als sie sagt:* »Sein Leben lang ist er gegängelt worden. Jetzt ist er endlich frei.« *Eine andere bemerkt:* »Der Blinde sagt den Leuten das Wesentliche«, nämlich das, was sie nicht erkennen: daß Jesus »der Sohn Davids« ist.
– »Der Blinde liegt Jesus in den Ohren, er macht Gechrei!« *(Dieses Motiv habe Luther stark betont, sage ich und lese vor, was ich in den »Predigtstudien« V/1 1988 – S. 122f. – gefunden habe:* »Mit dem Stück vom Blinden ›lehret uns der Euangelist ein recht bettlerische kunst, das man wol geylen lerne, unverschembt sey und ymmer anhalte. Denn wer blod ist, der lest sich bald abweysen und tauge nit zum bettlen. Man muß das scham hutlein abthun und dencken, Unser Gott wolle es so haben, das wir geylen und

anhalten sollen. Denn es ist sein lust und ehr das er vil geben will, und thut jm wol, das man sich vil gutes zu jm versihet. Darumb soll man es ja so unverschembt thun, als gern ers hat‹«, WA 52; 169, 6–12.)

– *Das dreifach betonte Unverständnis der Jünger (Vers 34) wird herausgestellt, und es schließen sich – im zweiten Teil des Gespräches – Mutmaßungen über die Gründe dieses Unverständnisses an. Zunächst wachsendes Erstaunen, ja Befremden:* »Die Jünger, die doch Tag und Nacht mit Jesus zusammen sind, verstehen ihn nicht – wie ist das möglich?«

Aber: »Konnten sie denn so etwas (nämlich: daß Jesus getötet würde) erwarten?« fragt eine. »Die Jünger haben Jesus ja *als Menschen*, nicht *als Messias* erlebt!« (Das heißt: Sie konnten gar nicht darauf kommen, daß sich an ihm erfüllen würde, was die Propheten über den Menschensohn gesagt haben.)

Eine andere mutmaßt, es könne den Jüngern hier ergangen sein »wie beim ersten Lesen eines Buches, das man erst später versteht«. Jemand unterstellt den Jüngern, sie hätten »das Leiden nicht annehmen wollen« und seien darum nicht imstande gewesen zu verstehen, was doch geschehen »mußte«.

– *An dieser Stelle wird der Zusammenhang zwischen den beiden Szenen noch einmal problematisiert: Gibt es denn wirklich – über das Stichwort »sehen« hinaus – eine Verbindung?* »Was die Jünger nicht verstehen, ist doch etwas anderes, als was der Blinde erfährt«, stellt Frau H. fest. Andere stimmen dem zu.

»Was würden Sie predigen?« heißt meine Frage für den letzten Teil unseres Gespräches. Die Antworten:

– Auf jeden Fall würde ich über *beide* Teile des Textes predigen. (Dem stimmen alle zu.)

– »Ich würde den Widerspruch aufrecht halten und stehen lassen.«

– »Ich würde darüber nachdenken, daß für das Erkennen – nämlich: daß Jesus der Messias war – nicht unbedingt *die Augen* erforderlich sind.«

– Das Gotteslob am Schluß darf nicht unterschlagen werden!

– Was wird wohl mit dem (nun nicht mehr) Blinden geschehen, wenn er Jesus »nachfolgt« auf seinem Weg nach Jerusalem? Er wird sehen, worauf »es« hinausläuft: die Kreuzigung. Ist dieser Weg nicht von symbolischer Bedeutung? »Begegnen wir nicht auch auf dem Weg ins *himmlische* Jerusalem unweigerlich diesem Kreuz?«

– Eine Teilnehmerin erinnert sich an eine Geschichte, die nicht eigentlich als Predigtinhalt, aber doch als Illustration des Blindheit-Motivs vielleicht zu gebrauchen sei. Sie erzählt von einem Unfall, den der Zeichner und Grafiker Horst Janssen vor einigen Jahren hatte: mit einem morschen Balkon abgestürzt, von darauf stehenden Säuren verätzt, habe er sich – obgleich schwer angeschlagen – bis zu einem Waschbecken geschleppt und sich die ebenfalls von Säure angegriffenen Augen lange ausgespült, in dem

Bewußtsein: Ich bin »nichts« mehr, wenn ich nicht sehen kann. Horst Janssen ist nicht erblindet.

Zum Gottesdienst

Axel Denecke

Theologisch-homiletische Skizze

Ein Predigttext auf der Grenze:
a) (kirchen) jahreszeitlich auf der Grenze zwischen Fasching und Passionszeit
b) neutestamentlich auf der Grenze zwischen allgemeiner Wirksamkeit Jesu und Passionsgeschichte
c) in der Perikope selbst auf der Grenze zwischen Blindheit und Sehen/Verstehen und Nicht-Verstehen/Zum Leben kommen – am Leiden teilnehmen dürfen

Das Gemeindegespräch in den »Annäherungen an den Text« hat diese Grenz- und Übergangssituation des Textes intuitiv herausgearbeitet. »Auf jeden Fall würde ich über *beide* Teile des Textes predigen (dem stimmen alle zu).« Anders darf es auch nicht sein, hier haben die »Perikopen-Schneider« durchaus sinnvoll zusammengeschnitten. Dabei ist zu beachten, daß nur bei Lukas beide Teil-Perikopen direkt aufeinander folgen, bei Mt und Mk (par) ist noch die Bitte der Zebedaiden, zur Rechten des Herrn sitzen zu dürfen, eingefügt. Doch auch diese Einfügung ist vom Thema »Nachfolge/Leiden/Sehen-Nichtsehen/Verstehen-Nichtverstehen« geprägt. Auch dies ein Text auf der Grenze.

Bleiben wir also bei Lukas!

Der Name »Bartimäus« ist ihm zwar inzwischen abhanden gekommen (seltsam gerade bei Lukas, der doch sonst so konkret ist; vgl. dazu die Überlegungen von B. von Issendorff in: Gottesdienstpraxis V,1, 1982, 114ff.), doch mangelnde Konkretion ist der Gesamtperikope dennoch nicht abzusprechen, wobei der Blinde (Bartimäus) vor den Toren Jerichos in besonderer Weise die Phantasie anlockt (wer Israel-Reisen gemacht hat, kann sich unschwer solch eine Szene vor oder mitten im quirrligen, staubigen, sonnenverwöhnten, wohl auch schon damals von [Sommer]Touristen geplagten heißen Jericho vorstellen. Man wird in der schwül-dunstigen Luft schnell atemlos, nervös und verscheucht lästiges bettelndes Gesindel, das vom »Eigentlichen« [was jedoch ist eigentlich?] nur abhalten). In der Gestalt des blind-sehend werdenden Bettlers, auf der Schwelle/Grenze hin zur Passions-Nachfolge ist unter homiletischen Gesichtspunkten das existentielle Konkretionsmodell für die Predigt gewonnen.

Fragen tauchen auf: Wozu wird der Blinde sehend? Daß er mit allem Volk Gott loben kann (Schlußvers)? Daß er Jesus folgt hin zum Kreuz/Leiden? Lohnt es sich dafür, sehend zu werden? Oder erblindet er nicht gleich wieder, um sich dem zu entziehen? Ist es eine ›Zufallsbegegnung‹ Jesu, so wie es viele ›Zufallsbegegnungen‹ mit dem christlichen Glauben auch heute gibt, »Sympathisanten am Rande«, die hier und da etwas »abbekommen«, genug für sie für den Augenblick, ohne daß sie gleich zu den sog. ›Wanderradikalen‹ (Kerngemeinde) gehören müssen? Also: Kann man von dem Bettler verlangen, daß er mitwandert, zurück nach Jerusalem, auf den Berg, gar auf den Berg Golgatha? Wird er mit unter dem Kreuz stehen oder hält er sich weiter unten im sonnenverwöhnten Jericho auf, irgendwo so zwischen Arafat-Residenz, Georgs-Kloster, Qumran und den Ufern des Toten Meeres? Irgendwo da und freut sich seines Lebens? Oder lebt er doch auf der Grenze: Ich will schon hoch nach Jerusalem, aber ich trau mich nicht? Kann ich denn so einfach in Jericho bleiben? Ist mein Leben – jetzt, wo ich sehend geworden bin – nicht doch ein ganz anderes?

Ich weise in diesem Zusammenhang noch einmal auf die m.E. durchaus legitime Interpretation B. v. Issendorffs hin, der den Namensverlust des Bartimäus bei Mt und Lk als Verlust seiner jüdischen Identität interpretiert und in seinem Predigt-Entwurf Bartimäus konsequent zum Zeugen für die auch unter dem Kreuz bleibende Verbundenheit zwischen Juden und Christen macht. Dies ist nicht nur eine interessante, sondern vom christlich-jüdischen Dialog her auch legitime Deutung, gerade auch als bewußte Eis-Egese. (a.a.O., S. 117ff.) Mit B. v. Issendorff möchte ich den Blinden selbst zum Interpreten der Jesus-Geschichte machen. Anders als v. Issendorff aber (durchaus nicht gegen ihn) möchte ich den nur gerade halb sehend gewordenen Bartimäus jedoch nicht zum Zeugen der christlich-jüdischen Verbundenheit machen, sondern in dieser Person selbst exemplarisch die »Grenzgängerei« christlicher (gläubiger) Existenz aufzeigen.

Lebensgewinn (sehend geworden) *und* Lebens-Verlust (Kreuz, Leiden)

Sehen und Nicht-Sehen / Verstehen und Nicht-Verstehen

konsequente Nachfolge (›wanderradikal‹) *und* zufällige ad-hoc-Begegnung mit dem christlichen Glauben (bloße freundlich-distanzierte Sympathie)

Dazu kann der äußerlich sehend gewordene ehemalige Blinde – was sieht er denn wirklich? – für uns zum Exempel werden, indem er von sich, von seiner Begegnung mit Jesus erzählt. Und wir sind – auf dem Weg von Jericho durchs Wadi Kelt / auf dem Weg durch unser Leben – mitten drin.

Die Jünger sind hier durchaus keine negativen Kontrastfiguren (äußerlich verstehen sie nichts? Aber verstehen sie wirklich nichts? So ganz daneben können sie doch nicht liegen, wenn sie auch nicht »alles« und auch noch »sofort« begreifen. Wer kann das schon?), sondern repräsentieren nur die andere Seite des durchaus äußerlich sehend gewordenen Blinden. Denn »auf der Grenze«, d.h. ja: Sehen und auch Nicht-Sehen; Verstehen und auch Nicht-Vestehen; entschiedene Nachfolge und durchaus freundliches Sitzenbleiben am Straßenrand. All das geht auch bei uns fließend ineinander über. So ist es halt. So ist es.

Vorschläge zur Liturgie

Thematisch orientierte Begrüßung

(Einführung in den Gottesdienst, wenn in der Gemeinde üblich)

Auf der Grenze leben wir ...

- in dieser Kirchenjahreszeit, noch ist Fasching; in 3 Tagen beginnt die Passionszeit
- in unserem Glauben, der zwischen Nähe und Ferne, Gewißheit und Zweifel pendelt
- in unserem Leben, zwischen Freude und Trauer, Hoffnung und Leiden, ja Leben und Sterben.

Die Texte des heutigen Gottesdienstes – besonders der Predigttext – sprechen sehr anschaulich von dieser »Grenze«, auf der wir leben.

Introitus (Eingangspsalm)
Noch nicht in allen Landeskirchen agendarisch verbindlich – auch die Erneuerte Agende läßt es offen. Ich empfehle dringend, auf diese Weise – allerdings ohne trinitarischen Schluß im ›Gloria Patri‹ – die jüdisch-alttestamentliche Verwurzelung des christlichen Glaubens zum Tragen zu bringen. Psalmtexte können im Gottesdienst im Wechsel (a) zwischen Liturg und Gemeinde, b) rechte und linke Seite der Gemeinde) oder auch gemeinsam *laut* gesprochen werden.
Der für Estomihi vorgeschlagene Psalm 31,2–6 greift die Ambivalenz/Grenzsituation des Predigttextes auf. Er ist gut nachvollziehbar und bedarf keines weieren Kommentars. Teile des Psalms (Verse 3.5) können zur Verdeutlichung der inneren Grenzsituation direkt in die Predigt mit einbezogen werden.

Sündenbekenntnis/Gnadenzusage
Darauf verzichte ich aus theologischen Gründen bewußt. Es ist mir auch nach 25jähriger Pfarramtspraxis noch nicht nachvollziehbar (gerade auch nach Lektüre des trefflichen Gottesdienst-Buches von M. Josuttis »Der Weg in das Leben«), wie dieser nicht anders als eben nur psychologisierend interpretierbare abrupte, unliturgisch verordnete Übergang von »Sünde« zu »Gnade« (anders als im gesungenen Kyrie und Gloria) vorstellbar sein soll.

Gebete
Kollektengebet: Freundlicher Gott / vor Dir stehen wir / heute – jetzt / in diesem Gottesdienst / und / wir bitten Dich / Zeige Du uns Dein freundliches Antlitz / begleite uns auf dem Weg durch unser Leben / begleite uns auf dem Weg durch diesen Gottesdienst / Richte unsere Augen, Ohren, Herzen und alle Sinne hin auf Dich / daß wir von Dir, Deiner Freundlichkeit geleitet werden / daß wir sie aufnehmen, verstehen und weitertragen.
Eingangsgebet Karl Barths: Herr, unser Gott! Du weißt, wer wir sind: Menschen mit gutem und Menschen mit schlechtem Gewissen – zufriedene und unzufriedene, sichere und unsichere Leute – Christen aus Überzeugung und Gewohnheitschristen – Gläubige und Halbgläubige und Ungläubige ... Nun aber stehen wir Alle vor dir. In aller Ungleichheit darin gleich: daß wir Alle vor dir und auch untereinander im Unrecht sind ... Wir sind nun hier beieinander, um dich zu preisen, daß wir dich zu uns reden lassen. Daß dies geschehe in dieser Stunde, darum bitten wir dich im Namen deines Sohnes, unseres Herrn. Amen.
Fürbittengebet (thematischer Teil)
Freundlicher Gott / auf dem Weg zu Dir sind wir / und oft wissen wir nicht, wo wir stehen / in Deiner Nähe, fest im Glauben / in der Ferne, voller Skru-

pel und Zweifel / oder irgendwo dazwischen / auf der Grenze / schwankend nach der einen oder anderen Seite / voll guten Willen und doch so schnell verzagt / voll Trägheit und doch kommen wir nicht los von dir / voll Blindheit und doch auch sehend, halb sehend, ahnend, wohin wir gehen sollen. Du willst uns begleiten in unserem Leben / Du läßt uns nicht los / Du zeigst uns den Weg immer wieder neu / dafür danken wir Dir.
Und wir bitten Dich ...

Lesungen
Epistel: 1. Kor 13,1–13. (Ich kann zwar keinen direkten thematischen Bezug zum Sonnag erkennen. Aber auf diese Epistel, die für sich selbst spricht, sollte auf keinen Fall verzichtet werden. Es mag ja sein, daß von der Liebe, von der hier gesprochen wird, die ›Lösung‹ der in der Predigt offen bleibenden Fragen erwartet werden kann. Die Liebe »versteht« alles, sie ist nicht blind, sondern wahrhaft sehend, in die Tiefe schauend. Sie ist Anlaß zum Lob Gottes (letzter Vers des Predigttextes).
Evangelium: Mk 8,31–38 (Hat natürlich thematische Ähnlichkeiten zum 1. Teil des Predigttextes. Könnte evtl., wenn im Gottedienst nur eine Lesung verwendet werden sollte, entfallen.)
AT-Lesung: Am 5,21–24 (Darauf auf jeden Fall verzichten! Denn hier wird ein ganz eigenes, neues Thema angesprochen, das der Interpretation bedarf.)

Lieder
Eingangslied: Nr. 336,1–4 »All Morgen ist ganz frisch und neu ...«
Graduallied: Nr. 252,1–3 »Lasset uns mit Jesus ziehen ...«
Predigtlieder: davor: Nr. 252,4 »Lasset uns mit Jesus leben ...«; danach: Nr. 250,1.2.12.13 »Ist Gott für mich, so trete ...!«; Nr. 256,1.2.4 »Mir nach, spricht Christus ...«
Schlußlied: Nr. 232 »Sollt ich meinem Gott nicht singen ...«

Vorschlag zur Predigt

Predigtanfang
»Auf der Grenze leben wir« sagte ich zu Beginn des Gottesdienstes. »Auf der Grenze zwischen Fasching und der Passionszeit ... Auf der Grenze in unserem Glauben, zwischen Gewißheit und Zweifel ... Auf der Grenze in unserem Leben, zwischen Freude und Trauer, Hoffnung und Leiden, ja zwischen Leben und Sterben. Auf der Grenze bewegte sich auch Jesus in seinem Leben. Im heutigen Predigttext wird das besonders deutlich. Grad noch hat er von seinem nahen Leiden und Sterben gesprochen – wir wissen ja alle, wie sein Leben geendet hat –, grad noch haben seine Jünger, die ihn doch gut, sehr gut kannten, wieder einmal wie so oft den Kopf über ihn

geschüttelt, nichts verstanden, waren blind für seinen Lebensstil – so scheints zum mindesten zu sein –, grad noch ist er also wieder einmal allein, unverstanden, mißverstanden. Da wird er – so schnell geht das – in eine ganz andere Situation versetzt. Ein blinder Bettler – Bartimäus heißt er, wie Markus berichtet – am Straßenrand von Jericho kommt durch ihn zum Glauben, er wird sehend, kann sich und seine Welt neu sehen. Und alles Volk staunt und lobt Gott. So hin und her gerissen, so auf der Grenze zwischen Mißerfolg und Erfolg, zwischen Glauben und Unglauben, ja zwischen vollem Leben und baldigem Leiden und Sterben. Daß es bei Jesus so ist, ach, das dürfte uns nicht wundern. Doch so ists auch bei uns, die wir hier sitzen. So ists bei den Jüngern und bei Bartimäus, dem schnell sehend gewordenen blinden Bettler.
Ich will ihn heute betrachten, ihn, wie es mit ihm wohl weiterging, als er sehend geworden war! Vielleicht erkennen wir uns, auf der Grenze, wir Grenzgänger in ihm ja wieder. Vielleicht!

Gedankenskizze zum weiteren Verlauf

a) Der blinde Bettler: selbst auf der Grenze: äußerlich in Jericho am Straßenrand – innerlich: sehend geworden – sieht er wirklich?
b) Bleibt er freundlich distanziert? Im warmen, aber auch schwülen Jericho verharrend? Oder geht er mit Jesus auf die Reise nach Jerusalem (Nachfolge/Leiden)? Ein bloßer Sympathisant – oder/und ein Wanderradikaler?
c) Übertragung auf unsere eigene Situation – in Nähe/Distanz zu Jesus/zum chrl. Glauben.
   Hier durchaus von sich selbst reden (der Prediger steht mit seinem Glauben/Halbglauben/Viertelglauben exemplarisch für die Gemeinde).
   Erfahrungsberichte aus der Gemeinde.
d) Es gibt verschiedene Formen, seinen christlichen Glauben zu praktizieren.
   ›wanderradikal‹: entschieden, zur Kerntruppe gehörig
   ›in freundlicher Distanz‹: bloße Sympathie, ad-hoc-Begegnungen, abhängig von Zeit und Ort (z.B. in Krisen- oder Knotenpunkten des Lebens)
   Die zweite Form darf nicht schlecht gemacht werden, sie ist eine legitime Form des Christ-seins. Auch hier sind wir Grenzgänger zwischen beiden Formen.
e) Wir wissen nicht, wie der Blinde und sehend Gewordene sich weiter verhalten wird. Beides ist möglich.
f) Auch die Jünger haben sicher nicht nur nicht verstanden. Sie haben schon Richtiges erkannt: Wenn sie ›Nein‹ sagen zu Leiden und Kreuz, so ist das situationsbedingt, ad hoc dahingesagt, keine Dauer-Stellungnahme

g) Bartimäus *und* die Jünger *und* wir auf der Grenze
- zwischen Jericho und Jerusalem
- zwischen Glaube und Halbglaube
- zwischen Sehen und blind sein/bleiben
- zwischen Nachfolge und bloßer Sympathie
- zwischen Entschiedenheit und Laissez faire

So ist unser Leben, unser Glaube, so sind wir.

Möglicher Schluß

So ist unser Leben. Wie bekommen wir das zusammen, wir Menschen auf der Grenze? Vielleicht so, wie es Paulus in seinem Korintherbrief beschreibt, in der Epistel, die ich zu Beginn vorgelesen habe. In der Liebe, also, wenn wir das Leben lieben, wenn wir Gott lieben, wenn wir uns selbst lieben, in der Liebe – die da alles versteht, alles glaubt, alles erduldet, wie Paulus so unverschämt zuversichtlich sagt – bekommen wirs zusammen. Aus reiner Liebe heraus hat Jesus gehandelt. Da war er ganz bei sich. In dieser Liebe, die wir nicht haben, um die wir aber bitten können, bekommen wir es hin: Auf der Grenze lebend, ja so leben wir, dennoch unseren Weg gehend, im Vertrauen darauf: Da ist einer, der will uns dabei begleiten, will uns stützen mit seiner Liebe.

Hinweis

Ich verweise noch einmal auf den narrativen Predigt-Entwurf von B. von Issendorff in: Gottesdienstpraxis V,1, 1992, S. 117ff. Die Gestalt des Bartimäus – ausgeschmückt mit viel Phantasie – steht auch hier ganz im Mittelpunkt der Predigt.

Invokavit

Annäherungen an den Bibeltext Lukas 22,31–34

Jutta Konowalczyk-Schlüter

Gespräch mit dem Kirchenvorstand einer kleinen Bremer Gemeinde. Der Kirchenvorstand besteht aus vier Frauen und fünf Männern im Alter von 35 bis 70 Jahren. Die Kirchenvorsteher(innen) besuchen regelmäßig die Gottesdienste und versehen in diesen den Dienst eines Lektors/einer Lektorin. Darüber hinaus sind sie in verschiedenen Gemeindekreisen engagiert, vom Basarkreis bis zur Bibelarbeitsgruppe.
Auf meinen Wunsch, mit ihnen ca. eine Stunde lang über den Bibeltext zu sprechen und anschließend das Gespräch zu protokollieren, haben sie sogleich zustimmend reagiert. Obgleich ich deutlich gesagt habe, daß es mir um spontane Eindrücke geht, haben sich zwei Herren zu Hause gründlich mit dem Text beschäftigt. Acht Personen waren an dem Gespräch beteiligt.

P 1: Lassen Sie uns damit beginnen, den Text einmal laut vorzulesen und dann reihum spontane Einfälle zu Lukas 22,31–34 zu äußern!

KV1: (liest den Text) Es geht um Verführung. Man ist immer verschiedensten Verlockungen ausgesetzt. Obwohl man weiß oder eigentlich wissen müßte, daß man viele Dinge nicht tun soll!

KV2: Vers 32 hat mich besonders fasziniert! Ist Petrus noch nicht bekehrt? Oder hat er die Heilsgeschichte noch nicht begriffen?

KV3: Jesus weiß, daß er enttäuscht wird. Trotzdem glaubt er an Petrus. Das ist schon toll, das können wir so nicht.

KV4: Petrus überschätzt sich selbst. Er ist fest von sich überzeugt und meint es ehrlich. Trotzdem hält er sich für stärker, als er ist.

KV5: Für mich ist Vers 32 auch der stärkste, und zwar deshalb, weil er einen Auftrag an uns alle enthält: Christen sollen einander stärken. Eine Form der Stärkung ist die Fürbitte für den anderen.

KV6: Ja, das finde ich auch. Die Fürbitte ist das wichtigste. Zu Hause im Alltag vergesse ich die oft. Da bleibt das bei einem Stoßgebet.

KV7: Für mich ist der Hinweis auf die Bekehrung das Wichtigste. Das heißt doch, daß Glaubenszweifel nicht mehr vorkommen dürfen.

P 2: Was heißt eigentlich Bekehrung?

KV7: Wenn ich bekehrt bin, dann bleibe ich standhaft in meinem Glauben. Im Text steht ja auch ... wenn du dich dermaleinst bekehrst ...!

KV1: Ja, aber ein Mensch kann von sich aus nichts tun. Er wird bekehrt.

KV7: Wann sind die denn bekehrt worden? Nach Pfingsten? Es sind aber doch alle wieder abgefallen. Sind »Bekehrung« und »in die Nachfolge eintreten« dasselbe?

KV4: Der Glaube fing für die Jünger doch erst da an, wo sie nichts mehr sahen. So mußte Petrus auch glauben, daß Jesus auferstanden ist.

KV4: Überzeugung und Bekehrung sind zwei verschiedene Dinge. Wenn man überzeugt ist, sollte man versuchen, das anderen mitzuteilen.

KV2: Es gibt aber auch die Gefahr, daß man einem Irrglauben unterliegt. Die Sekten und die Scientologen und auch die Agitatoren im Dritten Reich wollten ja auch die Menschen von einem Irrglauben überzeugen.

KV4: Ja, dann lernt man seine Grenzen kennen. Weil man immer wieder versagt und auf solches Gerede reinfällt.

KV7: Wie Jesus auch mit Petrus zum Ziel gekommen ist, so kommt Gott auch mit uns zum Ziel, wie es schon in Römer 8 heißt.
Ich überlege oft: Hat man als praktizierende Christin eine Sonderstellung in unserer Gesellschaft? Christen wollen sie ja alle sein. Aber oft wird über die Kirche hergezogen. Als Christin fühlt man sich berufen, die ganze Sache ernst zu nehmen. Christsein heißt für mich: Zu meinem Glauben zu stehen. Aber dazu gehört heute viel Mut.

KV1: In der Geschäftswelt ist es besonders schwer, zu dem eigenen Glauben zu stehen. Man gilt gleich als fanatisch.

KV3: Wir dürfen aber auch nicht denken, wir hätten den Glauben in der Hand, wir machten das schon. Petrus hat auch geglaubt und sich selbst überschätzt.

P 3: Was bedeutet für Sie Satan?

KV5: Für mich ist Satan die Motivation zum Bösen.

KV2: Satan ist das Böse in einem selbst, das immer versucht, einen das Böse tun zu lassen.

KV1: Der Satan redet Petrus den Größenwahn ein. In übertragenem Sinne ist es bei uns doch auch so ...

KV7: ... ja, genau, dann denkt man abfällig über andre: »Ach, der ist noch nicht so weit, was den Glauben angeht!« oder ganz großzügig: »Na, wir wollen für den noch 'mal beten, daß er auch noch 'drauf kommt ...«

KV3: Der Satan ist die Ursache für Streitigkeiten! Man kann sich auf Menschen nicht verlassen, weil man in ihre Seele nicht hineinsehen kann.

KV1: Aber in übertragenem Sinn heißt der Text doch auch: Es gibt immer Leute, die an einen glauben, selbst wenn man selbst zu Fehlentscheidungen gekommen ist.

P 4: Wie würden Sie abschließend die Botschaft des Textes für sich zusammenfassen?

KV2: In Gegenwart des Herrn wird gesagt: Ich glaube! Aber wenn mich der Glaube etwas kostet, versuche ich, meine eigene Haut zu retten. Die meisten Menschen machen das so. Früher wollte in Deutschland niemand in der NSDAP gewesen sein, heute niemand in der SED.

KV3: Man darf das Maul nicht zu weit aufreißen. Aber wenn ich mich selbst überschätzt habe – was leicht vorkommen kann –, habe ich immer noch Jesus Christus, der mir hilft.

KV4: Jesus zeigt Petrus, daß er schon etwas mehr ist, als ein Mensch. Jesus sagt die Bekehrung voraus. Wenn man bekehrt ist, ist man auch für andere da. Mensch ist Mensch und Gott bleibt Gott. Petrus reiht sich da ein und ist nicht besser.

KV5: Für mich ist nach wie vor am wichtigsten: Jesus betet für die Seinen, er ist ihr Fürsprecher!

KV6: Also ich frage mich jetzt: Kann das überhaupt ein Mensch von sich behaupten, er sei wiedergeboren? Mir selbst geht es oft so, daß meine Nöte auf mich einströmen und ich das nicht von mir sagen kann. Einmal bekehrt und dann immer in Gottes Sinn leben, das ist für mich nicht denkbar.

KV7: Jesus weiß, wie wir veranlagt sind. Bekehrung heißt doch: Ich habe den Heilsweg Gottes erkannt, dessen Zusage an uns ist: Durch Jesus Christus ist für uns der Weg freigemacht worden zum ewigen Leben. Die Ewigkeit steht offen, es kann nichts schief gehen. Wie gut, daß wir das haben.

KV1: Lukas 22,32b ist der stärkste Satz für mich. Bekehrung als totale Selbstaufgabe, das kann ich nicht. Dazu bin ich auch nicht bereit, Haus und Kinder zu verlassen um meines Glaubens willen. Aber wir tun nicht genug. Und kein Mensch wird sich und anderen je beantworten können, ob das, was er für seinen Glauben tut, genug ist.

P 5: Immer steht unsere alte Welt gegen Gottes neue Welt. Herzlichen Dank für das Gespräch!

Zum Gottesdienst

Albert Damblon

Theologisch-homiletische Skizze

Obwohl sich der Kirchenvorstand einer kleinen Bremer Gemeinde (siehe »Annäherungen«) sehr intensiv über den Text des Lukas (22,31–34) unterhalten hat, werde ich den Eindruck nicht los, daß sich die Perikope gegen eine systematische Bearbei-

tung sperrt. In meiner Predigtvorbereitung ist sie bisher nicht vorgekommen, weil sie in der katholischen Leseordnung nur ein winziger Ausschnitt der alle drei Jahre zu Palmsonntag gelesenen Passion ist. Deshalb diente sie mir nie als Grundlage einer Predigt. Ähnliches gilt für die Lukaskommentare, die ich eingesehen habe. Wenn sie gründlich die Abendmahlsgeschichte (22,1–30) ausgelegt haben, gehen sie schnell über die vier Verse hinweg, um sich dann ausführlich der eigentlichen Leidensgeschichte (22,35–23,56) zu widmen. Dennoch versuche ist, die wirklichen oder eingebildeten Sperren ein wenig zu lockern.
Die Situation des Textes ist klar. Im Rahmen des letzten Abendmahls führte Jesus mit seinen Jüngern, so wie es damals bei Tisch üblich war, ein Gespräch. Das überlieferte Tischgespräch (Lk 22,21–38) erinnert an die im gleichen Zusammenhang stehende Abschiedsrede des Johannesevangeliums (Joh 13,31–16,33), die länger und thematisch bedeutsamer ist. Abschied verbindet als Stichwort beide Kompositionen. Johannes redigiert eine Rede, während Lukas ein Gespräch, ein lebendiges Hin und Her zwischen den Jüngern und Jesus, wiedergibt. Gerade die Verse 31–34 skizzieren einen Dialog, der mit einer Anrede Jesu beginnt und der nach einem Widerspruch des Petrus mit einer Antwort Jesu abgeschlossen wird. Lukas erzielt den kommunikativen Charakter des Textes, indem er zwei ursprünglich unabhängige Überlieferungen zusammenfügt. Die Verse 31–33 sind lukanisches Sondergut, der Vers 34 entstammt der Markusquelle. Die Vorhersage, daß Petrus Jesus verraten wird, findet sich in allen Evangelien. Die Schwäche des ersten Apostels läßt sich kein Evangelist entgehen. Dabei beurteilt Markus Petrus besonders hart. Nach ihm wird Petrus sich ganz von Jesus lossagen (»verleugnen«), obwohl der Apostel sich mit seinem Mund großspurig über die anderen Jünger stellte. (»Auch wenn alle an dir Anstoß nehmen – ich nicht! Mk 14,29) Sein zweimaliger Treueschwur verhinderte nicht seinen Verrat. Lukas verbessert das Profil des Petrus, indem er einige Pointen entschärft. Petrus verspricht nur noch einmal die Treue und seine angebliche Standfestigkeit hebt sich aus dem Jüngerkreis nicht heraus. Vor allen Dingen sagt er sich nicht ganz von Jesus los, sondern er leugnet nur, ihn zu kennen. Humaner scheint auch die Bereitschaft des Petrus mit Jesus ins Gefängnis zu gehen, bevor der Märtyrertod ansteht. Dieses Versprechen hat er später eingelöst. Wahrscheinlich ertrug Lukas die menschliche Schwäche eines Petrus nicht. Der Evangelist konnte den Abfall dieses Mannes, des Primus aus dem Apostelkollegium, nicht so radikal zugeben, wie es Markus getan hat. Von daher schrieb Lukas schon »kirchlicher« als seine Quelle. In der Hinsicht ist auch die Verwendung seines »Amts«namens bezeichnend. Jesus redet den Apostel zunächst mit seinem Eigennamen »Simon« an. Als der Herr ihm jedoch ausdrücklich prophezeite, er werde ihn nicht mehr kennen, sprach er von »Petrus«. Auf jeden Fall scheint der Skandal des Verrates in dem kleinen Dialog durch, und Jesus wußte nach Lukas darum. (»Und wenn du dich wieder bekehrt hast ...«)
Unser Abschnitt beginnt mit einer überraschenden Doppelanrede, deren Außergewöhnlichkeit durch ein »Siehe« verstärkt wird. Dieses »Siehe« hat die Einheitsübersetzung geschluckt. Indem Jesus den Eigennamen »Simon« gebraucht, drückt er eine persönliche Beziehung zu diesem Apostel aus. Jesus kündigt in dieser Form etwas Unerwartetes an, das für den Simon bedrohlich ist. Selbst die Jünger, der engste Kreis um Jesus, wird nicht standhalten, wenn die Soldaten kommen, um ihn zu ergreifen. Nicht der Staatsapparat führt die Jünger in Versuchung. Der Satan tritt auf, um die Standfestigkeit der Apostel zu überprüfen. Als Ankläger der Menschen steht er vor dem Thron Gottes und bittet ihn um die Erlaubnis, die Zwölf wie den Weizen sieben zu dürfen. Alttestamentliche Erinnerungen tauchen auf. Trat der Satan einst nicht vor Jahwe, um seine Aktion gegen Ijob genehmigen zu lassen?

»Aber streck nur deine Hand gegen ihn aus, und rühr an all das, was sein ist; wahrhaftig, er wird dir ins Angesicht fluchen.« (Ijob 1,11) Vielleicht ähnlich hielt der »teuflische Staatsanwalt« sein Plädoyer gegen die Apostel, er »rechnet auch die Jünger Jesu zur Spreu; er heißt, was sie in der Gemeinschaft mit ihm geworden sind, nichtig und kraftlos und leugnet, daß zwischen ihnen und den anderen ein ernsthafter Unterschied bestehe.« (A. Schlatter) Gott muß jetzt wie damals entscheiden. Bei ihm allein liegt die Entscheidungsgewalt. Der Satan hat sich ihm unterzuordnen, er ist kein Gegen-Gott. In seiner Anklage gebraucht er ein Bild, das auch dem Alten Testament entstammt. Die Jünger werden gesiebt, d.h. sie werden hin- und hergeschüttelt, »von allen Seiten wird ihnen zugesetzt, sie werden in größte Unruhe versetzt« (A. Stöger). Nur, wer ein echtes Weizenkorn ist, hält der Gewalt stand und wird nicht vom Wind wie die Spreu verweht. »Ja, seht, ich selbst gebe den Befehl, ich schüttle unter allen Völkern das Haus Israel, wie man Korn schüttelt in einem Sieb, ohne daß ein Stein zu Boden fällt.« (Am 9,9)
Weil der Satan wie der Staatsanwalt auftritt, übernimmt Jesus die Vertreidigerrolle. Er ist der Anwalt seiner Jünger, der gegen den An-spruch des Satans Ein-spruch erhebt. Als Fürbitte wird der Anspruch Jesu rechtskräftig für alle Jünger. Sein Gebet für andere ist deren beste Verteidigung. Die Kraft der Fürbitte, die uns manchmal als falscher Trost vorkommt, weil sie den eigenen Einsatz verhindert, bricht die Gewalt des Satans. Da Jesu ausdrücklich nur für Simon eintritt, vermuten katholische Exegeten eine Vorrangstellung des Petrus, zumindest scheint er eine Vermittlerrolle zu genießen. »Das ›Privileg‹, das Simon vor den anderen Jüngern hat, wird ihm für die anderen gegeben: für die Brüder, für die Jünger, ..., für die Apostel und die Gläubigen. Petrus soll sie durch das Wort des Glaubens – das aus Glauben kommt und zum Glauben führt – stärken, wenn sie im Glauben gefährdet sind und das Kreuz Jesu, satanisch gewirkt und ausgewertet, ihnen zum Anstoß werden will.« (A. Stöger) Andererseits ist das eine pikante Doppelrolle: Petrus der erste Apostel und gleichzeitig der erste Verräter. Nachdem Simon sich wieder bekehrt hat, kann er das Mandat Jesu übernehmen, indem er seine Brüder stärkt, vielleicht durch seine Fürbitte. Wie Jesus für ihn gebetet hat, kann er für seine Mit-Jünger beten. Damit wird Petrus auch zum ersten Beter, zum Für-bitter.
Da dieses Thema im Gespräch der Bremer KirchenvorsteherInnen anklingt (»Eine Form der Stärkung ist die Fürbitte für den anderen ... Die Fürbitte ist das wichtiste.«), bietet es sich für die Predigt an. Hinzu kommt, daß die Fürbitten in jüngster Zeit sowohl im katholischen wie im evangelischen Gottesdienst eine neue Bedeutung gewonnen haben. Das II. Vatikanische Konzil hat in seiner Liturgiereform ausdrücklich die Fürbitten angeordnet und sie nicht nur auf die Nöte der Kirche beschränkt. Das sogenannte »Allgemeine Gebet« oder »Gebet der Gläubigen« soll an den Sonntagen und gebotenen Feiertagen »wiedereingeführt werden, damit unter Teilnahme des Volkes Fürbitten gehalten werden für die heilige Kirche, für die Regierenden, für jene die von mancherlei Not bedrückt sind, und für alle Menschen und das Heil der ganzen Welt.« (Liturgiekonstitution Nr. 53) Dabei zitiert das Konzil 1. Tim 2,1–2. »Vor allem fordere ich zu Bitten und Gebeten, zu Fürbitte und Danksagung auf, und zwar für alle Menschen, für die Herrscher und für alle, die Macht ausüben, damit wir in aller Frömmigkeit und Rechtschaffenheit ungestört und ruhig leben können.« Das Predigtthema kann also sofort in die Praxis umgesetzt werden. Der Prediger bzw. die Predigerin sollte die GottesdienstbesucherInnen im Anschluß an die Predigt zur Fürbitte einladen. Dabei kann er/sie auf dem Hintergrund der Timotheusstelle die Eingrenzung unserer Predigtperikope durchbrechen. Von daher gelangt die *Predigt* an ihr *Ziel*, das ich wie folgt umschreibe:

Der/die PredigerIn lädt die Gemeindemitglieder ein, das Anliegen Jesu aufzugreifen und seiner Bitte an Petrus zu entsprechen, die Schwestern und Brüder in der Gemeinde und aller Menschen in Not durch ihr fürbittendes Gebet zu stärken.

Vorschläge zur Liturgie

Große Fürbitten

Pfarrer/in
Angesichts des Kreuzes unseres Herrn Jesus Christus kann uns das Leid so vieler Menschen in unserer Welt nicht ungerührt lassen:

LektorIn
Lasset uns beten
für alle Menschen, die in Not sind:
für die Opfer der Kriege und Katastrophen –
für die Arbeitslosen –
für die Hungernden –
für die ihrer Rasse, ihrer politischen Gesinnung oder ihrer Religion wegen Verachteten und Verfolgten.

Kehrvers durch KantorIn

(aus: GOTTESLOB, Mönchengladbach 1975, Nr. 358,3)

PfarrerIn
Herr, unser Gott,
unsere Welt ist voll von Not und Elend,
und wir können uns fast nicht vorstellen,
daß es auch anders sein könnte.
Wir bitten dich:
Laß uns erfahren,
daß du bei uns bist:
als der Gott, der mit uns leidet.
Laß uns daran glauben,
daß du keines Menschen Leid vergißt,
und laß deine Nähe sichtbar werden
in der Güte, die wir Menschen einander schenken.
Durch Jesus Christus, unsern Herrn. Amen.

LektorIn
Lasset uns beten
für alle Menschen, die von Unsicherheit und Zweifeln geplagt werden:
für alle, die nichts mehr vom Leben erwarten –
für die, die nur noch schwarz in die Zukunft sehen,
weil ihnen das Nötigste zum Leben fehlt –
für die, die ihren Glauben an die Menschen verloren haben,
weil sie immer und immer wieder enttäuscht worden sind –
für die, die nicht mehr glauben können
und die es schwer mit sich selbst haben.

Kehrvers durch KantorIn

PfarrerIn
Herr, unser Gott,
du kennst einen jeden bei seinem Namen,
du läßt keinen von uns verloren gehen.
Wir bitten dich:
Laß uns erfahren,
daß du ein Gott der Lebendigen bist
und daß du das Glück der Menschen willst.
Gib uns allen die Kraft,
das sichtbar werden zu lassen
in der Art und Weise, wie wir miteinander umgehen.
Durch Jesus Christus, unsern Herrn. Amen.

LektorIn
Lasset uns beten
für alle, die in Gefahr sind,

sich gegen ihre Mitmenschen zu verschließen und zu vereinsamen:
für die Eheleute, die einander fremd geworden sind –
für die Eltern, die ihre Kinder nicht mehr verstehen –
für die Kinder, die ohne die Liebe ihrer Eltern aufwachsen müssen –
für die Jungen und Mädchen,
denen das Leben bereits nicht mehr zu sagen hat –
für alle, die einen teuren Menschen verloren haben.

Kehrvers durch KantorIn

PfarrerIn
Herr, unser Gott,
wie viele Menschen sind vom Leben enttäuscht
und haben den Glauben an ihre Mitmenschen verloren!
Wir bitten dich:
Bleib uns nahe
und gib uns eine durch nichts zu erschütternde Bereitschaft,
einander so zu nehmen, wie wir sind,
und einander die Lasten des Lebens zu tragen.
Durch Jesus Christus, unsern Herrn. Amen.

LektorIn
Lasset uns beten
für alle körperlich und geistig Behinderten:
für alle, die schon jahrelang ans Bett gefesselt sind –
für die, denen keiner mehr helfen kann –
für die Strafgefangenen und Süchtigen –
für alle, die sich in der Welt nicht zurechtfinden
und die ihr eigenes Leben hassen.

Kehrvers durch KantorIn

PfarrerIn
Herr, unser Gott,
du hast uns deinen Sohn geschenkt
und uns sein Leben wie einen Spiegel vor Augen gestellt.
Wenn wir zu ihm aufschauen,
dann wird uns schmerzlich bewußt,
wie vielseitig und umfassend die Forderungen der Liebe sind.
Wir bitten dich nur um dies eine:
Laß uns da sein, wenn ein Mensch in unserer Umgebung uns braucht. –
Darum bitten wir dich
im Namen Jesu Christi, deines Sohnes,
der sein Leben für die Seinen dahingab

und der darum lebt –
mit dir
im heiligen Geiste –
in alle Ewigkeit.
Amen.

(nach A. Schilling, Fürbitten und Kanongebete der holländischen Kirche, Essen 1972, S. 80ff.)

Vorschlag zur Predigt

Möglicher Anfang

Kürzlich besuchte ich Israel. Der jüdische Führer erklärte uns die Funktion einer Synagoge, und er berichtete von den religiösen Pflichten eines frommen Juden. Den mitreisenden Frauen fiel sofort auf, daß er vom Mann redete und daß die Jüdinnen in der Synagoge auf die Empore verbannt sind. Kritisch, emanzipiert fragten sie nach. Die Antwort verblüffte sie und mich. Zunächst einmal habe die Sitzordnung nichts mit einer angeblichen Frauenfeindlichkeit des Judentums zu tun. Im Gegenteil! Ursprünglich wurde die Jüdin als Hausfrau und Mutter so stark in Anspruch genommen – der Guide wörtlich: sie hatte einen 18 Stunden-Tag –, daß sie gar nicht in die Synagoge gehen konnte, um zu beten. Um die im Haushalt eingespannte Frau zu schützen, war sie nicht verpflichtet, die Tora einzuhalten. Gott habe ein Einsehen, die Frau könne sich nicht zweiteilen. Die Versorgung der Kinder und des Mannes war wichtigr als das Gebet. Wenn einer beten mußte, war es der Mann, und er betete für die Frau mit, der Mann als Fürbitter für die Frau.

Auf der einen Seite ließ sich die Reisegruppe vom Fremdenführer nicht überzeugen. Solch eine Vorschrift diskriminierte, ihrer Meinung nach, die jüdische Frau. Nur der Mann zog daraus seinen Vorteil. Auf der anderen Seite vermerkten einige positiv, daß es sinnvoller ist, Kinder satt zu machen als für Kinder zu beten. Die jüdischen Frauen hätten den besseren Teil erwählt, indem sie sich tatkräftig für ihre Kinder einsetzten und sich nicht mit langen Gebeten abquälten. Viele Reisende entdeckten darin sogar modernes Denken. Die Praxis rangiert vor der Theorie, erst recht vor weltfremdem Gebet. Sie drückten auf diese Weise ihre eigenen Schwierigkeiten mit dem Gebet aus. Nach ihrer Meinung beten viele Christinnen und Christen zuviel und tun zuwenig. Für sie erscheint das Gebet wie eine Droge, die die Betenden ruhig stellt und sie gleichgültig macht gegenüber der Ungerechtigkeit in der Welt. Sie brauchen sich die Hände nicht schmutzig machen, weil ihr Gott, zu dem sie beten, schon alles richten wird. Und wenn nicht, dann will er nicht. Da Gott anscheinend oft nicht will, bleibt alles beim alten. Die vielen unerhörten Gebete beruhigen das Gewissen

Frommen und bestätigen den Status quo. Deshalb beten manche Christen gar nicht mehr. Sie halten ihren Einsatz in der Welt für die religiöse Übung schlechthin. Synagoge und Kirchen werden überflüssig. Stimmt das wirklich? Reicht es, sich für die anderen einzusetzen, ohne für sie zu beten?

Zum weiteren Verlauf

– Meiner Meinung nach trügt diese Alternative. Sicher, wir tun immer zu wenig! Aber ich halte es nicht für richtig, Gebet und Tat gegeneinander auszuspielen. Beide haben ihre Berechtigung, und ich vermute, daß viele Christinnen und Christen eher zu wenig beten als zuviel. Zumindest aus meinem eigenen Leben weiß ich, daß das Gebet zu kurz kommt. Erst recht spüre ich schmerzlich, wie wenig ich für andere bete. Die Fürbitte spielt in meiner Frömmigkeit eine geringe Rolle. Die Erfahrung eines engagierten Kirchenvorstehers bestätigte mich. In einem Gespräch erzählte er: »Die Fürbitte ist das wichtigste. Zu Hause im Alltag vergesse ich das oft. Da bleibt das beim Stoßgebet.« (KV 6, siehe »Annäherungen«)

– Zunächst verweise ich auf Jesus, der im Predigttext ausdrücklich von sich sagt, daß er für Petrus gebetet hat. Wahrscheinlich ist es dann wichtig, Jesus als betenden Menschen zu charakterisieren. Im Zusammenhang mit der Passion erzählt Lukas einige Verse (39–46) weiter eine ergreifende Gebetsgeschichte Jesu, in der es um Leben und Tod geht. Sein Gebet ist wörtlich überliefert. Vor allen Dingen endet die Geschichte mit dem Befehl Jesu an seine Jünger: »Steht auf und betet, damit ihr nicht in Versuchung fallet.«

– Der Prediger oder die Predigerin können sich andere Textstellen aussuchen, die über den Beter Jesus berichten (z.B. das Vater unser als Gebetsmodell. Die Jünger wollen beten lernen. Sie merken, daß sie es bei Jesus lernen können.)

– Wie Jesus heilend handelt, ist bekannt. Dennoch sollte an dieser Stelle die Predigt kurz darauf hinweisen. (z.B. er heilt körperlich Kranke: Blinde, Taubstumme, Gelähmte, Kranke usw. Den Zöllner Zachäus heilt er von seiner »Betrugskrankheit«.)

– Am Ende dieses Teils müßte den Hörerinnen und Hörern klar sein, daß sich für Jesus die Alternative Tun gegen Beten nicht stellt. Er hat gehandelt, wo er handeln mußte, und gleichzeitig intensiv gebetet. Seine Frömmigkeit zeigte sich in Gebet und Tat.

– Nach dieser Klärung kann die Predigt auf das Gebet für Petrus zurückkommen. Der/die PredigerIn sollte die Art des jesuanischen Gebetes genauer erläutern. Die Intention seines Gebetes betrifft kein irdisches Gut, das sich Petrus wünschen könnte. Jesus betet nicht um Gesundheit oder Reichtum, sondern um den Glauben des Apostels, um seine Bekehrung und um seine Umkehr. Die Erläuterung des Gebetszieles ist eine Schaltstelle der Predigt, weil vielleicht gerade damit die meisten Hörerinnen und Hörer Schwierigkeiten besitzen. Ihre Gebete sind oft »irdisch« ausgerichtet. Könnte Gott sie aus diesem Grund überhören, nicht er-hören?

– Die Frage nach der Gebetsintention läßt sich anhand anderer Beispiele aus dem Gebetsleben Jesu verstärken (s.o.). Am Ölberg praktiziert er eine Bitte des Vater unsers. Es geht ihm um die Erfüllung des Willens Gottes.
– Das fürbittende Gebet bittet um einen starken Glauben für den, an den ich denke. Es geht der Fürbitte darum, ihm wie Petrus auf dem Weg der Umkehr zu helfen und ihn zu stärken.
– Was heißt stärken? Die Situation der Predigtperikope erweist den Jünger als stark, der in der Verfolgung aushält und sich dem Kreuz stellt. Die Stärke des Petrus zeigt sich in seiner Bereitschaft, umzukehren. Auf dem Ölberg gewinnt Jesus Stärke, als er den Willen seines Vaters geschehen lassen kann. Die Beterinnen und Beter des Vater unsers sind stark, sobald sie dem Willen Gottes, nicht dem eigenen Willen gehorchen. Weil sie als Frucht des Gebetes stark genug werden, fühlen sie sich verpflichtet, nicht nur zu beten, sondern auch zu handeln.
– Praxis: Es lohnt sich, um Stärke zu beten und sie anderen zu wünschen. Das ist der Ursprung des Fürbittgebetes, das Jesus Petrus ans Herz legt. Letztlich bindet sich diese Form des Gebetes aber nicht an ein bestimmtes Amt, z.B. dem Petrusamt, sondern wird zur Aufgabe jedes Christen und jeder Christin.
– Welche Möglichkeiten der Fürbitte gibt es?
  – Jeder Gottesdienst ist Fürbitte. Liturgisch drückt sich das im offiziellen Fürbittgebet aus. Darüber hinaus kann jede/r TeilnehmerIn seine Gebete im Gottesdienst einem bestimmten Menschen »widmen«.
  – Die täglichen Gebete können zu Fürbitten werden, indem der/die BeterIn an Menschen denkt, die ihr/ihm am Herzen liegen.
  – Wer in der Bibel liest, kann die Bibellesung mit einer Fürbitte beginnen oder mit einer Fürbitte, die sich aus dem Text und dem Anliegen ergibt, beenden.
  – Die meisten besitzen nicht diese intensive Gebetspraxis. Vielleicht legen sie sich in jeder Woche neu einen Fürbittzettel an, den sie auf die Pinnwand der Küche, des Arbeitszimmers oder Hobbykellers heften. Auf ihm schreiben sie sich die Namen und die Anliegen der Menschen auf, die sie durch das Gebet stärken wollen. Jedes Mal, wenn sie an der Pinnwand vorbeikommen, reicht ein kurzes Stoßgebet (KV6, »Annäherungen«).
  – Das Wort von KV5 (»Annäherungen«): »Christen sollen einander stärken. Eine Form der Stärkung ist die Fürbitte für den anderen.« Lk 22,32b: »Und wenn du dich wieder bekehrt hast, dann stärke deine Brüder.«

Möglicher Schluß
Zum Schluß erzähle ich Ihnen eine jüdische Geschichte:
»Einmal, am Vorabend des Versöhnungstages, versammelte sich die ganze Gemeinde des Rabbi Moische-Leijb im Bethaus. Doch der Rabbi selbst

kam nicht. Er hatte aber ein für allemal befohlen, daß man auf ihn niemals mit dem Beten warten sollte. Darum stimmte man das Kol-Nidrej-Gebet ohne ihn an. Später erschien der Rabbi doch. Die Leute forschten nach, warum er so spät gekommen war und das so wichtige Gebet versäumt hatte, und erfuhren folgendes: Als der Rabbi zum Beten ging, hörte er unterwegs in einem Hause ein Kind weinen. Er ging hinein und sah, daß die Mutter zum Beten weggegangen war und das Kind alleine gelassen hatte. Der Rabbi hatte Mitleid mit dem Kinde und spielte mit ihm so lange, bis es müde wurde und einschlief. Erst dann ging er ins Bethaus, das Kol-Nidrj zu beten.« (aus: Hubertus Halbfas, Der Sprung in den Brunnen. Eine Gebetsschule, Patmos Verlag, Düsseldorf, 12. Auflage 1994)

Der Rabbi handelte, als er die Einsamkeit des Kindes entdeckte. Nachdem er gehandelt hatte, ging er beten. Ich wette, daß er für das Kind gebetet hat. Schon als er mit ihm spielte, spürte er, daß das Kind gestärkt werden muß. Spielen und beten gehören beim Rabbi zusammen, weil sie beide ein Kind stärken können.

Reminiscere

Annäherungen an den Predigttext Johannes 8,(21–26a)26b–30

Ludger Arnold

»Ich verstehe gar nichts!«, »Was ist denn das für ein merkwürdiger Text?«, »Haben Sie mal 'ne Interpretation dazu?!«
So oder ähnlich äußerten sich nach dem Hören oder ersten Lesen der Perikope OberstufenschülerInnen in drei Religionskursen an der gymnasialen Oberstufe der Gesamtschule Sontra, die ich, als Nicht-Religionslehrer, mit dem Text konfrontierte. Überrascht war ich dabei von der Einhelligkeit dieser Reaktion, und so ergab sich in allen Gesprächen daraus eine allgemeine Diskussion über Gottesdienst- und Predigterfahrungen. Dieser Text aktualisierte anscheinend besonders die Vorurteile und den vorhandenen »Frust«.
Die meisten dieser Jugendlichen besuchen selten die Sonntagsgottesdienste und verstehen dabei nur Teile der Predigt. Das war während ihrer Konfirmandenzeit so und hat sich danach kaum verändert. Sie erleben die Predigten als fremd. Die Sprache der Texte und der gottesdienstliche Ritus sprechen sie nicht an, weil er sich sehr stark von ihren sonstigen Sprachgewohnheiten unterscheidet. So entsteht kaum ein Bezug zu ihren Lebenszusammenhängen, fordert sie nur sehr selten eine Predigt dazu heraus, sich kritisch mit ihren eigenen Gewohnheiten und Ansichten auseinanderzusetzen – obwohl sie durch die Schule ans Zuhören und Bearbeiten von Texten gewöhnt sind. Sie haben sich im Rahmen ihrer schulischen Wahlmöglichkeiten für den Religionsunterricht entschieden, setzen sich dabei auch intensiv und kritisch mit Religion und Kirche als Stoff auseinander, ein Verhältnis zum Glauben und zur Gemeinde muß sich aber durch andere Erlebnisse entwickeln. Aus diesen Kursen fand sich sehr schnell eine aktive Gruppe zusammen, um außerhalb des Unterrichts einen gut gelungenen und lebendigen Adventsgottesdienst für die Schule zu gestalten.
In dieser Situation, die dadurch charakterisiert ist, daß es kaum noch gewachsene Bindungen an das kirchliche Leben und wenig Wissen um biblische Texte gibt, ist es deshalb nötig, den Gesamtzusammenhang des Predigttextes zu verdeutlichen und zwar sowohl den textimmanenten als auch den entstehungsgeschichtlichen Kontext.

Dies ganz besonders bei diesem Text, denn er enthielt für die Schüler keine Signalworte, die Assoziationen herausforderten oder Zusammenhänge herstellten – zudem die Syntax das Verstehen beim einmaligen Hören erschwerte. So böte sich hier ein erzählender Einstieg an, in dem erklärt wird, wer diesen Text wann und für wen geschrieben hat und welche Lebenssituation von Jesus erzählt wird, wann, wo und mit wem er hier redet. Damit würden die von den Schülern formulierten Fragen beantwortet und die/der Predigende könnte deutich machen, von welcher Aussage des Textes sie/er ausgeht und welches Problem ausführlich dargstellt werden soll.

Dafür ergaben sich in der gemeinsamen Textarbeit vor allem zwei Anhaltspunkte.

Zum einen erscheint hier Jesus anders, als »man« es gewohnt ist. Er behauptet, daß die Menschen ihm nicht folgen können und stellt sich damit über seine Zuhörer, er erscheint fast arrogant mit seiner Frage: »Was rede ich überhaupt noch mit euch?« und macht den Unerschied zu den Zuhörern und anderen Menschen vollends schmerzlich deutlich durch den Hinweis auf seine Teilhabe am Gericht. Das paßt so gar nicht zu dem Jesus, der sich immer bewußt den Menschen zuwandte, die am Rande der Gesellschaft stehen.

Zum anderen verlangt er von den Menschen, daß sie an ihn glauben und droht bei Nichtbefolgen mit Strafe und verweist dabei auf Gottes Vollmacht. Dies forderte die Jugendlichen zum Widerspruch heraus und es verwunderte sie, daß viele Menschen dadurch an ihn glaubten, daß sie bereit waren ihm zu folgen, als er sich als etwas Besonderes darstellte.

Daraus ergab sich die Frage, woran wir glauben und wie Glaube entsteht und wächst. Die Wunder wurden zwar dabei als Glaubensbasis abgelehnt und auf die Beweisbarkeit der Naturwissenschaften und die eigene Rationalität verwiesen, doch zeigten diese Argumente auch ihre oberflächliche Faszination. Andere Schüler verwiesen demgegenüber auf enge persönliche Bindungen, durch die ihr Glauben und mit ihm auch eine gewisse Sicherheit in ethischen Fragen wuchs. Als Frage wurde auch formuliert, ob nicht auch bei uns – wie so häufig in der Geschichte – besonders denen geglaubt wird, die sich besonders selbstwußt darstellen und mit einfachen Rezepten auftreten!

(Warum tritt dann Jesus auch so auf?)

Dieses Problem konnte leider nicht vertieft werden, denn der Gong beendete die Stunden und auch die Gesprächsatmosphäre.

Zum Gottesdienst

Friedhelm Borggrefe

Theologisch-homiletische Skizze

Die »Annäherungen an den Text« führen zur Frage: Was sagt die Exegese? Strathmann (NTD 4 S. 138) spricht von einer Szene mit »aggressivem Kampfcharakter«, die »zielbewußt« auf »Gegensatz und radikalen Bruch« hinsteuert. Es geht nicht um die Präsenz des Präexistenten sondern um sein »Fortgehen« und die Frage: »Wer bist du?«. Die Doppelantwort Jesu (Vers 24 und 28) »Ich bin es« kommt als Rätsel. Bultmann erklärt: »Ich bin alles das, von dem ich sagte, daß ich es bin« (Das Ev. Joh., S. 265). Jedenfalls werden die Hörer des Evangeliums mit dem »Offenbarungsstil« überfordert.
Ich stelle mir die Aussagen gegenüber:

Ihr (Juden)	Ich (Jesus)
Ihr werdet mich suchen Ihr werdet in eurer Sünde sterben Ihr könnt nicht hinkommen Ihr seid von unten her Ihr seid von dieser Welt Wenn ihr nicht glaubt, daß ich es bin, werdet ihr sterben in eurer Sünde. Sie verstanden nicht, daß er zu ihnen vom Vater sprach Wenn ihr den Menschen erhöhen werdet, dann werdet ihr erkennen	Ich gehe weg wo ich hingehe … Ich bin von oben her Ich bin nicht von dieser Welt Ich habe viel mit euch zu reden und zu richten Was ich von ihm gehört habe, das rede ich zur Welt Ich bin es, ich habe nichts von mir selber Der mich gesandt hat, ist mit mir Er läßt mich nicht allein.

Fragen:
Will er sich selbst töten?
Wer bist du denn?

---

50 Jahre nach Auschwitz ist es wichtig, sich zu erinnern: Unter der Chiffre »Juden« kann nicht der Antijudaismus des Johannesevangeliums aktiviert werden. Jude steht im 4. Evangelium für den religiösen Menschen und seine Aktivität. Jesus feiert das Laubhüttenfest im Dialog mit dem religiösen Menschen. Er geht an den Ort, an dem der fromme Mensch zu Hause ist und seine Heimat sucht. Hier, im Tempel, wird klar, wovon der Mensch lebt.
Ich setze in der Predigt zuerst und vor allem auf den Menschensohn, begegne ihm in seinem suicidalen Mißverständnis und frage: Wer bist du? Die Antwort führt mich zu einem neuen Menschenbild und zu einer neuen Ethik, weg von allem religiösen Aktivismus hinein in den Prozeß, in dem der Mensch Jesus »erhöht« und ich als Mensch an meinen Platz gestellt werde.

Vorschläge zur Liturgie

Begrüßung
Reminiscere heißt: Gott, erinnere dich an dein Volk. Vergiß uns nicht (Psalm 10). Liebe Gemeinde, mit solcher Bitte ist uns erlaubt, heute in diesen Gottesdienst zu kommen. Gott läßt sich provozieren, er läßt sich herausrufen ins Gespräch mit uns. Er will auf uns hören. Er will sich von uns anrufen, loben und preisen lassen, mitten in der Passion.

Gebet
Allmächtiger Gott, du läßt uns das Leiden und Sterben deines Sohnes zu unserem Heil verkündigen. Wir bitten dich: Gib uns ein offenes Herz, daß wir seine Liebe und seinen Gehorsam erkennen und ihm nachfolgen.

Fürbitten
Sprecher: Gott, du weißt, was Menschen bewegt an Hoffnung und Zweifel, an Freude und Angst, du bist größer als unser Herz.
Du weißt, was in uns ist, du kennst unsere Absichten und Taten.
Du weißt auch, was unter uns ist an Unfrieden und Streit.
Wir warten auf Befreiung.
Gemeinde: Wir bitten dich, erhöre uns.
Sprecherin: Öffne die Türen deines Lichtes, damit wir sehen können.
Öffne die Türen unseres Herzens, löse die Stricke, die uns binden.
Befreie uns von den Mächten des Dunkels, der Verzweiflung und Gewalt.
Gemeinde: Wir bitten dich, erhöre uns.
Sprecher: Wenn du unser Vater bist, der uns nicht sterben lassen will in unseren Sünden, dann führe uns heraus aus der Enge unseres Lebens, und stelle unsere Füße auf weiten Raum, zeige uns Wege in eine gute Zukunft, und gib uns Luft zum Atmen.
Gemeinde: Wir bitten dich, erhöre uns.
Sprecherin: Laß uns leben mit dem Geist Christi. Mache uns wie er: lieber verwundbar als hart; lieber versöhnlich als auf das Recht bedacht; mache uns bereit zur Liebe, zum Frieden, zum Leiden und zum Lobpreis deines Namens.
Gemeinde: Wir bitten dich, erhöre uns.
Pfarrer/Pfarrerin: Komm, Schöpfer Geist, erleuchte uns und schenke uns die Kraft, den Weg der Passion mit Jesus zu gehen, jetzt und jeden Tag neu.

Liedvorschläge
Wag's und sei doch, was du in Christus bist (Evangelisches Gesangbuch 652,1–4); Manchmal kennen wir Gottes Willen (Evangelisches Gesangbuch 643,1–4); Kommt herbei, singt dem Herrn (Evangelisches Gesangbuch 615,1–6); Herr, wir bitten: Komm und segne uns (Evangelisches Gesangbuch 609,1–3)

Formular für ein Gebet mit Konfirmanden

Gott, wir wollen heute mit dir sprechen und beten für alle Menschen, denen Frieden fehlt . . . . Gib uns Frieden, Gott!

Gott, wir wollen dich heute anrufen und bitten für alle, die es schwer haben . . . . Befreie uns Gott!

Gott, wir denken heute besonders an . . . . Hilf uns Gott!

Gott, wir sagen dir auch, was wir besser machen wollen . Gib uns Kraft!

Vaterunserlied

Vorschlag zur Predigt

Ein Selbstmordkandidat, der lieber gehen will als bleiben.
Geht es darum heute früh? Ein trauriger Sonntag?
Die Frage: »Will er sich selbst töten?« ist berechtigt.
Viele stellen sie sich heute. Viele Menschen wollen nicht bleiben.
Die Zahl der Todeskandidaten schnellt hoch in Europa.
Aber keiner spricht wie er: »Wo ich hingehe, da könnt ihr nicht hinkommen.«
Er scheint das Geheimnis des Lebens zu kennen.
Er weiß. Er spricht. Er sagt. Er ist im Gespräch.
Selbstmordkandidaten sprechen nicht. Sie schreiben einen Brief, ein paar Worte wenigstens. Er schreibt nichts. Er hinterläßt nichts Schriftliches. Er redet mit dem Menschen. Er spricht gerade mit denen, die ihm das Leben eng machen wollen. Er stellt sich denen, die sein Leben nicht gelingen lassen wollten. Er stellt sich ihren Fragen: »Wer bist du?« – Und er gibt Antwort.

Nein, das ist kein Selbstmordkandidat.
Er liebt das Leben.
Er ist verliebt ins Gelingen.
Er hat ein starkes Selbstbewußtsein.
Er weiß, daß er etwas zu sagen hat. Er ist Autorität.
Ja, er spricht sich ganz klar aus und erklärt den Lebenszusammenhang, in dem er drinsteckt.
»Ich bin von oben her.«
»Ich habe nichts von mir selber.«
»Ich bin gesandt.«

Ein Hochstapler vielleicht?
Nach 2000 Jahren ist das noch nicht klar; obwohl 30 % der Menschheit sich nach ihm nennt.
Wer ist der?
Noch immer ist die Frage nicht geklärt.
Er sagt einfach: Ich bin. Er geht seinen Weg, seinen Weg zu uns, und er spricht aus, was alle sein sollen.

Ich bin. Wie kommt dieser Mensch dazu, zu diesem Satz? Geboren in einem Winkel der Welt. Aufgewachsen in einem höchst unbedeutenden Land, der Galiläer. Kein Gebildeter. Keine Sprachen. Kein Beruf. Keine bedeutende Familie.

Ich bin. Wer? Wer bist du?

Er zeigt einfach den Weg, den er ging. Das ist anders als bei uns. Wir wissen genau: Du bist von unten. Das spüren wir, vielfältig. Und wir wollen hochkommen; an die Spitze möglichst. Top-sein oder wenigstens o.k. So sind wir.

Aber er sagt: Ich komme von oben und gehe nach unten. Ja, er sagt: »Ich bin von oben«. Ich tue nichts aus eigener Kraft. Ich bin gesandt. Er zeigt damit an: Mein ganzes Leben ist ein Weg vom Vater zum Vater. Das ist mit dem Stichwort »Vater« im Johannesevangelium immer gesagt. Vater heißt: Vertrauen. Und Jesus sagt: Mein Leben kommt aus dem Vertrauen, ist geboren aus Vertrauen, und sein Ziel ist Vertrauen.

Im Tempel von Jerusalem findet eine ungeheure Auseinandersetzung statt, noch heute an der Klagemauer und noch heute in der el-aqsa-Moschee von Jerusalem: Es geht um den religiösen Menschen. Und mitten im festlichen Betrieb des Tempellebens, mitten hinein in die Religion und die religiöse Frage, ins Laubhüttenfest, kommt dieser Mensch von oben her und sagt: Ich bin gesandt. Und er erzählt vom Willen dessen, der ihn gesandt hat. Und er sagt: Vater. Wenn ihr mich kennt, so kennt ihr auch meinen Vater. Und er redet von der Zeit, die kommt, und von der Stunde, die noch nicht gekommen ist.

Jeder Mann und jede Frau, alle, die ihn hören, spüren: Das ist unerhört Neues. Das ist wichtig für uns. Das geht uns als Menschen alle an. Da geht es um Vertrauen.

Wir sind Menschen.

Wir suchen. Wir suchen und finden nicht.

Wir sterben, und wir wissen auch: Wir sterben in unseren Sünden, in dem, was uns nicht gelungen ist. Wir haben das Wichtigste nicht begriffen.

Und wir können vor Gott nichts machen.

Wir kommen nicht hin. Es reicht nicht. Wir kommen voran, aber wir kommen nicht hin. Wir haben eine neue Zeit, aber sie ist ohne Freude. Kein Glück. Wir sind von dieser Welt.

Woher auch sonst? Ja, wir sind in ihr gefangen. Wir möchten glauben. Wir wollen sogar glauben, wie Jesus, und aus dem Vertrauen leben, wie er.

Aber ist das so einfach: Ich bin?

»Wenn ihr nicht glaubt, daß ich (es) bin, werdet ihr sterben.« Ganz hart wird es formuliert »in euren Sünden«, das heißt doch wohl: in der Gottesferne. Ihr werdet bleiben, wo ihr seid: herausgefallen aus dem Vertrauen.

Es geht um uns, um unseren religiösen Aktivismus. Als religiöse Menschen sind wir ja überzeugt: Du mußt was tun! Es kann nicht alles bleiben, wie es ist. Die Welt muß sich verändern. Frieden soll werden, und wir arbeiten dafür. Gerechtigkeit muß kommen, und wir kämpfen darum, setzen uns ein, Gottes gute Schöpfung geht zugrunde, wenn wir nichts machen. Wir wollen keine müden Christen sein. Wir wollen etwas bewegen. Darum sind wir auch heute hier in der Kirche. Aber Jesus stellt sich dem religiösen Menschen entgegen. Er geht in das religiöse Fest hinein, dorthin, wo der fromme Mensch zu Hause ist und sagt:

Ihr – Ich.

Er stellt sich uns gegenüber und sagt, was Sache ist.

Ihr von unten	–	ich von oben
Ihr sucht	–	ich gehe
Ihr sterbt	–	ich gehe dahin, ich werde erhöht
Ihr glaubt nicht	–	ich rede mit euch
Ihr versteht nicht	–	ich bin es

Das ist eine totale Provokation. Wir haben sie nötig.
Denn Leben heißt: aus dem Vertrauen leben.
Die Krankheit unserer Zeit ist das zerbrochene Vertrauen.
Jesus will es uns schenken. Er lädt uns ein, seinen Weg zu gehen, es wird nicht ein Höhenweg sein. Er ist der Weg nach unten, er führt in die Täler, ins Leiden, dorthin, wo Menschen nur fragen: Warum? Wohin? Wozu? – Aber dort erleben sie, wer sie wirklich sind: Wir sind wie er, von oben her. Leben heißt vertrauen. Gehen, vom Vater zum Vater. Amen.

Kontext

Todesbilder, Kursbuch 114, Rowohlt Berlin 1993, S. 41: »Albert Camus behauptete, das einzige wahrhaft philosophische Problem sei das des Selbstmordes ... Ich hatte eher das Gefühl, das einzige wahrhaft philosophische Problem sei und bleibe – zumindest in Osteuropa – das Leben, die Geschichte und die Politik, die zum Selbstmord führen.«

Okuli

Annäherungen an den Predigttext Jeremia 20,1–11a(11b–13)

Hannes-Dietrich Kastner

1. Aus einer »Offenen Gesprächsrunde« mit vorwiegend erwachsenen Gemeindegliedern

Aus einem an Jeremia gerichteten Brief einer Teilnehmerin
»Lieber Jeremia, es zerreißt mir das Herz, wenn ich Dich so klagen höre – um Deinetwillen, aber auch Deiner Zuhörer wegen. Da hat Dir Dein Auftraggeber nun einen Auftrag erteilt, ohne rechtzeitig Dein Einverständnis einzuholen. Und jetzt bist Du innerlich zerrissen: Einerseits würdest Du Dich gerne vor dieser Aufgabe drücken, andererseits – sei mal ehrlich! – bist Du doch ziemlich ehrgeizig und vom Verkündigungsdrang besessen. So vor den Leuten stehen und es ihnen mal richtig zeigen. Gelt, man hat's nicht einfach, wenn man immer mehr weiß als die anderen? Dieses undankbare Pack! Sie verschließen ihre Ohren vor Deinen Warnungen und lachen Dich aus ... Daß Du nicht einmal nach den Gründen für ihr abweisendes Verhalten fragst! ... Ich glaube, Jeremia, es ist gefährlich, seine ganz persönliche Weltsicht für die alleinseligmachende halten zu wollen ... Bist Du so sicher, daß Dein Auftraggeber Gott heißt? Ja? Gut. Aber hast Du seinen Auftrag auch richtig und vor allem vollständig ausgeführt? Glaubst Du wirklich, es ist Gottes Wille, einseitig Weltuntergangsstimmung zu verbreiten, als gäbe es nichts sonst? Glaubst Du, Strafpredigten alleine heilten die Wunden dieser Welt? ... Sieh einmal nach draußen, Jeremia. Gerade haben in Deinem Land die Winterregen eingesetzt. Die Wüste beginnt zu grünen. Bedeutet Dir das nichts? ... Gehe in Dich, Jeremia, und suche die Ursachen Deiner Leiden nicht ausschließich bei den anderen ... In der Hoffnung, von Dir bald Erfreulicheres zu hören, grüßt Dich herzlich Deine R.M., immer wieder von neuem der frohen Botschaft bedürftig.«

Aus dem Gespräch in der Gruppe Erwachsener
Frau G.: Bei meinen Stadtführungen durch das jüdische Worms begegne ich häufig jüdischen Gästen, die in der Synagoge beten. Sie erinnern mich an Jeremia. Sie beten anders als wir: heftiger, mit erhobenen Fäusten und

Kopfschütteln. Jeremias Gebet kann ich mir mit gefalteten Händen nicht vorstellen, diesen Streit, dieses Ringen.
Frau Sch.: Beunruhigend, beängstigend, auch befremdlich, wie jemand so deutlich und ungeschönt mit Gott spricht. In solchem Beten könnte ich mich wiederfinden. Mein Beten darf unfertig klingen.
Frau M.: Warum ist Jeremia so unbarmherzig gegen andere und auch gegen sich selbst?
Herr O.: Das ist so, wenn ein Kritiker Mißerfolg hat.
Frau I.: Jeremia ist von Gott überwältigt und fühlt sich noch immer an seinen Auftrag gebunden, ist also nicht nur Kritiker aus persönlicher Überzeugung heraus. So vollkommen ist meine eigene Lebenserfahrung nicht in Gottesbegegnungen eingebunden. Es kostet mich Mühe, dankbare Gefühle oder auch Zorn immer wieder mit meiner Gottesbeziehung zu verknüpfen.
Frau M.: Die Hoffnung auf Rache an denen, die Jeremia keinen Glauben schenken, hält den Propheten aufrecht.
Frau I.: Der Spott schmerzt den Propheten wohl noch mehr als der Mißerfolg selbst.
Herr H.: Doch wie bekommt Jeremia nur die Kurve zu seiner Aussage in Vers 11, daß Gott für ihn wie ein starker Held ist? Woher hat er das Vertrauen, wenn er sich zuvor an eben diesem Gott reibt?
Frau Schm.: Das kennen wir doch auch aus den Psalmen, diese Verwandlungen. Und wir kennen es aus unserem eigenen Leben. Hoffnung und Zweifel wechseln sich in uns ab, manchmal täglich. – Aber wie Gott hier Jeremia in eine solche Enge treibt, das macht mir Gott unsympathisch.
Herr K.: Vielleicht kann das aber nicht anders sein, weil Jeremia einen bestimmten Auftrag hat, nämlich manchmal einzureißen und dann wieder aufzurichten (Her 1).
Meine Frage: Kann uns eine wirklich prophetische Persönlichkeit – auch heute – sympathisch bleiben; und brauchen wir solche Gestalten?
In der Grupppe werden Drewermann, Sölle, Albertz, Feministinnen genannt.
Frau M.: Ich möchte, daß mir solche Prophetenpersönlichkeiten nicht zu nahe kommen.
Frau Sch.: Sie sind oft sehr einsam.
Frau G.: Mich beeindruckt die Gottesbeziehung Jeremias. Für mich ist das beneidenswert.
Frau H.: Doch ich möchte von Jeremia trotzdem nicht »angemacht« werden.

2. Aus einer Gesprächsrunde mit Jugendlichen

Pr.: Da sind Zeilen drin, die möchte man streichen: Haß gegenüber Verfolgern ...
Fr.: Jeremia kommt mir wie ein ungeschickter Lehrer vor. Er hat Wichtiges zu sagen und kann doch keine Aufmerksamkeit bei den Menschen wecken.

K.: Das ist wie bei Herrn ...
Pr.: Aber Jeremia muß sprechen und dieses Risiko der Ablehnung durch andere eingehen.
Fr.: Mich erinnert das an die XY-Demo. Da entstand auch so etwas wie Feindschaft, nur weil ich die Leute darauf hinwies, daß sie nicht ausreichend informiert seien. – Allerdings geht es bei Jeremia noch um anderes. Sein brennendes Herz geht auf Gottes Einflußnahme zurück. Er zwingt ihn, zu reden. Ist das barmherzig? Vers 7 steht »überredet«!
K.: Jeremia erlebt verschiedene Phasen, mal gibt er sich dem Auftrag hin, dann versucht er zu verdrängen.
Fr.: »Singet dem Herrn!« Vers 13 – und dann die Verwünschungen der Feinde Vers 11. Ob der Verfasser der Endfassung des Textes die möglicherweise ursprünglich dunkle Textgestalt durch Sätze wie »Singet dem Herrn!« aufgehellt hat?
K.: Jeremia pflegt kein Selbstmitleid, sondern ist im Unglück.
Fr.: Ich muß an Kassandra denken. Sie hat auch immer gewarnt und wurde am Ende verschleppt.
Pr.: Ich denke an Sokrates bei seiner Verteidigung. Er hat auch viele Feinde. Aber als er sich verteidigt, ist er schon über den Berg.
Fr.: Manchmal sage ich: Ich bin mit mir im Streit. Jeremia verlegt diesen inneren Zwiespalt in das Gespräch zwischen sich und Gott. Er nimmt diese eine Stimme bei sich so ernst, daß er an ihr fast zugrundegeht.
K.: Es gibt Sachen, die lassen auch mir keine Ruhe. Es ist schwer, mit sich »uneins« zu sein.
N.: Ich finde es gut, daß wir nicht nur Luthers Übersetzung haben, sondern auch M. Bubers. Sie verniedlicht nicht. Das paßt genau.
Pr.: In einigen Zügen erinnert mich Jeremia an Hiob.

Zum Gottesdienst

Ursula Thomé

Theologisch-homiletische Skizze

1. Der Textabschnitt Jeremia 20,7–13 wird zu der letzten der »Konfessionen Jeremias« gezählt. In den Konfessionen reflektiert der Prophet seinen von Gott erhaltenen Auftrag und sein persönliches Leiden an den Folgen des ausgesprochenen Gerichtswortes. Er klagt, er leidet, er klagt Gott an; er betet und bittet um Vergeltung, er verflucht sich selbst und Gott. Er kann sich *nicht abgrenzen*. Alles nimmt ihn ganz in Anspruch: der Auftrag, anzusagen, welches Unheil Israel erwartet, unbequem und unerbittlich; – und das Leiden an diesem Auftrag, Verspottung, Verfolgung und Mißhandlung (Vers 1f.: Der Priester Paschhur läßt Jeremia schlagen und in den Block spannen).

Aber Jeremia läßt sich nicht mundtot machen und richtet sein Wort gegen Jerusalem und Juda (Vers 3b–6). Im Anschluß an diese in *Prosa* geschriebene Verkündigung erzählen die Verse 7–18 in *poetischer* Sprache von der Klage des Propheten: Seine Existenz setzt er ganz und gar ein und ist damit ganz und gar *angefochten*.
Auch wenn einige Exegeten die Verse 10–13 für eine nachträgliche, die harten Worte abmildernde Glättung oder spätere Einfügung halten, erinnern sie sehr stark in Form und Inhalt an das *Klagegebet des Einzelnen in den Psalmen*: das »lyrische Lied« der Klage (Roland Gradwohl, Bibelauslegungen aus jüdischen Quellen, Stuttgart 1988, S. 308).
Auch hier wird nach der Klage/Anklage ab Vers 11 der Ausspruch der Zuversicht und Erinnerung an Gottes Bewahrung formuliert. Jeremia hat also in der Tradition der Psalmen Worte gefunden, seine Not vor Gott und vor sich selbst auszusprechen und nicht zu verstummen oder gar in das Leiden einzuwilligen.
Vier hebräische Begriffe sind für die Predigt besonders hervorzuheben: Das Verb *pth* in Vers 7 ist mit »du hast mich überredet« (Luther) zu schwach übersetzt und bedeutet hier »betören/verführen/verlocken« (wie in Exodus 22,15 das Verführen eines Mädchens oder Ezechiel 14,9 das Verleiten/Hintergehen eines Propheten). Das Verb *chsq* kann auch übersetzt werden: »jemanden mit Gewalt ergreifen/packen/überwältigen/mit Gewalt über jemanden kommen«. Dies sind Begriffe, die Gewalt- und Sexualdelikte benennen. Jeremia spricht von seiner Berufung wie von einer *Vergewaltigung*. Er fühlt sich von Gott benutzt und betrogen, zu seinem Dienst »vergewaltigt«.
Auch wenn sich die Wende der Klage zum Gotteslob formal erst in Vers 11 vollzieht, ist in den Bildern in Vers 9 der stärkste Tief- und Wendepunkt angelegt: Dem Moment der (gedanklichen) Abwendung von Gott folgt die körperlich spürbare Gottes*erfahrung* (*lev* bezeichnet das Zentrum der ganzen Person: das organische Herz, den Sitz der Lebenskraft, der Empfindungen, des geistig-seelischen und sittlichen Lebens und der Gotteserfahrung). Jeremia erfährt Gott als »verzehrendes Feuer« (*esch* ist Femininum; vgl. Deuteronomium 4,24 – während der »Brennende Dornbusch« in Exodus 3,2 selbst nicht verbrennt). Diese Gotteserfahrung ist ambivalent: Gottes Nähe kann sowohl schöpferisch als auch *zerstörend* erlebt werden. Im Prophetenamt werden wir mit der gefahrenvollen, zornigen, herausfordernden *dunklen Seite Gottes* konfrontiert.
Es befremdet in Vers 11, daß die Wende zur Zuversicht wieder ein Gottesbild der Gewaltsprache benutzt; etwas übespitzt: Der »Vergewaltiger-Gott« erledigt nun Jeremias Verfolger!?

2. Die *Anfechtung* des Einzelnen in der Nachfolge wird im Jeremia-Text anschaulich und konkret: Mutlosigkeit und Verzweiflung, ja sogar die Verzweiflung an Gott selbst darf offen ausgesprochen werden. Der Begriff der Anfechtung meint eine anthropologische Grunderfahrung (Jörns), die theologisch gedeutet werden muß, da es in den »betreffenden Vorgängen und Umständen Gott selber ist, der ... beunruhigt, in Bedrängnis bringt und in Frage stellt« (Eberhard Jüngel, Anfechtung und Gewißheit des Glaubens. Auf der Suche nach der Sache der Kirche EK 9 [1976] S. 454; vgl. Klaus-Peter Jörns, Der Gang in die Wüste als Weg zur Predigt. Über die Schwierigkeit, zur »tiefsten Kenntnis der Welt« [Bonhoeffer] und unserer selbst zu kommen EvTh 42 [1982], S. 400f.).
Die Erfahrung der Anfechtung mündet in die Anklage Gottes, die somit nicht »von außen« und unbeteiligt, sondern von einem »Insider« aus eigener schmerzvoller Erfahrung im Gebet ausgesprochen wird. »Es ist ein bewußter Weg in die Angst, weil

nur die eingestandenen Ängste überwunden werden können.« (Jörns, S. 401) So kann das aktive Beten Raum eröffnen für Veränderung, Raum für die Gotteserfahrung, die die betende Person verändert – nicht ein für allemal, sondern immer wieder im Glaubensleben.
Die patriarchalischen Bilder von Gott als Betrüger, Verführer, Vergewaltiger und gewalt(tät)igem Helden provozieren, aber korrespondieren mit den geläufigen Gottesbildern vom allmächtigen König, Herrscher und Herrn. Jeremias Begrifflichkeiten lassen *traumatische, schmerzvolle Frauenerfahrungen mit Männergewalt* anklingen. Das Leiden an diesen männlichen Gottesbildern und an männlicher Gewalttätigkeit berührt viele Frauen; und es wird immer wichtiger, diesen Bildern die Macht zu nehmen und die schmerzhaften Gewalt- und Gotteserfahrungen zu thematisieren – gerade auch im Raum der Kirche und im Rahmen von Gottesdienst und Predigt. Dafür steht die Erfahrung des »verzehrenden Feuers«.

3. Das Gebet des Jeremia erinnert mich an Frauenberichte über ihre *Vergewaltigungen*, an die *Berichte mißbrauchter Kinder*. Diese in der Predigt anzusprechen, ist heikel und bedaf größter seelsorgerlicher Sorgfalt der Predigerin. An die Negativ-Erfahrungen von Frauen mit ihrer *ehrenamtlichen Tätigkeit* (kirchlich-)karitativen Arbeitsbereichen läßt sich unproblematischer anknüpfen: daß ich schlecht Nein sagen kann, wenn Aufgaben verteilt werden; daß ich mich nicht genügend abgrenzen kann; daß ich Schuldgefühle habe, wenn ich es einmal schaffte, mich abzugrenzen; daß ich mich oftmals überredet fühle, Aufgaben zu übernehmen, die kein anderer (und ich eigentlich auch nicht) machen will; daß ich mich benutzt fühle und gegen meine eigene Intuition handele; daß ich in der Gemeindearbeit oft in der emotionalen Spannung stehe zwischen dem »Ich fühle mich für alles verantwortlich« und dem »Ich bin das Opfer«, zwischen Allmachts- und Ohnmachtsphantasien.
In der Gemeinde und im Gottesdienst sind es mehrheitlich die Frauen der verschiedenen Generationen, die teilnehmen, tragen und gestalten – und aber an den vorgegebenen männlichen Kirchenstrukturen und Sprachregelungen leiden.
Der Text spricht sicher besonders die aktiven Frauen und Männer in den Gemeindegruppen an, die die *»prophetische Arbeit«* leisten (Eine Welt-Läden, Flüchtlings- und Asylkreise, Friedens- und Umweltgruppen). Sie erfahren, daß die große Mehrheit der Volkskirche davon nicht viel wissen will. Sie spüren in gemeindlichen Reaktionen und Konflikten, daß sie für andere *unbequem* sind und daß es Ausdauer und Beharrlichkeit bedarf, um trotz Erfolglosigkeit und Resignation Ermutigung und Hoffnung zum Weitermachen zu schöpfen. Diese Momente der Anfechtung sind auch in den »Annäherungen« (s.o.) erkennbar. Resignation und Hoffnung sind verschiedene Stationen auf dem Glaubensweg, und es ist ein wichtiger Schritt, deren Spannung an der eigenen Person zu spüren und auszuhalten, um sich gegenseitig zu ermutigen.
Der Sonntag »Okuli« (Psalm 25,15) hat als 3. Sonntag der Passionszeit das Thema »Nachfolge und Anfechtung«. Die Tradition des Kirchenjahres thematisiert die beiden Fragen: Woher kommt meine Motivation? und: Woher kommt mir Kraft und Mut, den Auftrag durchzuhalten?

Vorschläge zur Liturgie

Lieder
EKG 283,1–3 Von Gott will ich nicht lassen

EKG 195,1–3 Aus tiefer Not schrei ich zu dir
EKG 208,1–6 Ach bleib mit deiner Gnade
EKG 179,1–4 In dich hab ich gehoffet, Herr
615 Von guten Mächten (Beiheft '84 zum EKG »Singt und dankt«)

Eingangsvotum
Wir feiern diesen Gottesdienst im Namen Gottes. Gott ist unsere gemeinsame Quelle. Jesus Christus hat dem Tod die Macht über Menschen und Verhältnisse genommen. In Gottes Geist können wir heute glaubwürdig leben. Amen.
(Heidi Rosenstock/Hanne Köhler, Du Gott, Freundin der Menschen. Neue Texte und Lieder für Andacht und Gottesdienst, Stuttgart 1991, S. 13)

Psalmgebet
Auf dich, Gott, richte ich mein Herz und meinen Sinn.
Dir, Gott, vertraue ich, enttäusche mich nicht!
Erspare mir die Schadenfreude der anderen.
Wer auf dich hofft, wird nicht enttäuscht,
aber wer dich treulos verläßt, wird zuschanden.
Gott, zeige mir den Weg, den ich gehen soll.
Laß mich erkennen, was du von mir verlangst.
Lehre mich, deine Treue zu sehen
und in Treue zu dir mein Leben zu führen.
Denn du bist Gott, bei dir finde ich Hilfe.
Auf dich hoffe ich zu jeder Zeit.
Erinnere dich, Gott,
daß du schon immer voll Güte und Erbarmen warst.
Gott, denke nicht mehr an die Fehler meiner Jugend,
auch nicht mehr an die späteren Vergehen;
aber denke an mich in deiner Liebe.
Auf deine Güte verlasse ich mich. (Nach Psalm 25; a.a.O., S. 27)

Gnadenzusage
Gott spricht: »Ich bin heilig, und ihr sollt auch heilig sein.«
Darum können wir hoffen,
daß Gottes Feuer uns erneuert.
Darum können wir hoffen,
daß Gottes Geduld größer ist als unsere Trägheit.
Darum können wir hoffen,
daß der Sturm des heiligen Geistes mächtiger ist als die Strukturen dieser Welt.
Deshalb: Ehre sei Gott in der Höhe (a.a.O., S. 72)

Sündenbekennntis

Wir bekennen dir, Herr, wer wir sind:
Wir sind nicht die Menschen,
für die wir gerne gehalten werden möchten.
Wir haben Angst, auch nur uns selber einzugestehen,
was in den Tiefen unserer Seelen vor sich geht.
Aber wir wollen unser wahres Selbst vor dir nicht verbergen.
Wir sind überzeugt, daß du weißt, wer wir wirklich sind
und daß du uns trotzdem liebst.
Hilf uns, nicht zurückzuschrecken vor unserer Selbsterkenntnis.
Zeige uns, wie wir um deinetwillen uns selber neu achten können.
Gib uns den Mut, unser Vertrauen auf deine helfende Kraft zu setzen.
Hole uns heraus aus lähmender Schuld
in die Freiheit und Tatkraft derer, denen vergeben ist.
Und für alle, die durch lange Gewöhnung
es schwer haben, Vergebung anzunehmen,
bitten wir dich: zerbrich ihre Fesseln und befreie sie.
Durch Jesus Christus, unseren Herrn. Amen.

(aus: Jesus Christus – das Leben der Welt. Ein Gottesdienstbuch für die 6.VV des ÖRK in Vancouver, ÖKR Genf, 1983, S. 80)

Fürbittengebet

Lebendiger Gott, wir danken dir, daß wir offen und ehrlich mit dir reden können; klagen und anklagen, aber auch danken und bitten. Wir bitten dich für alle, die in deiner Gemeinde mitarbeiten und oftmals an ihrer Arbeit leiden: Gib ihnen Selbstvertrauen und Zivilcourage, damit sie ihre Aufgaben erfüllen können oder Möglichkeiten der Veränderung sehen lernen. Und hilf uns dabei, Menschen in deiner Nachfolge zu sein, die sich gegenseitig fördern und ermutigen.
Wir bitten dich für die Frauen und Mädchen, die unter Gewalt und Mißbrauch leiden und selbst als Opfer noch die Schuld bei sich suchen: Gib ihnen Kraft und Stärke, ihre eigene Würde wiederzugewinnen, und laß uns Menschen sein, die versuchen, zu trösten und den Frauen zu ihrem Recht zu verhelfen.
Wir bitten dich für uns: Komm zu uns mit deinem Geist und Wort; gib uns Hoffnung, eine Hoffnung, die alle und alles einbezieht – Frieden und Gerechtigkeit für die Welt und Frieden und Trost für jeden und jede von uns.
Alle Bitten, auch die unausgesprochenen, nehmen wir hinein in das Gebet, das Jesus uns weitergegeben hat: Vaterunser

Segen

Der Segen des Gottes von Sarah und Abraham,
der Segen des Sohnes, von Maria geboren,
der Segen des heiligen Geistes, der über uns wacht wie eine Mutter über ihre Kinder, sei mit euch allen. Amen. (Jesus Christus, a.a.O., S. 102)

Vorschlag zur Predigt

Möglicher Anfang

Der Jeremia-Text wird in freier Formulierung als Predigtgebet an den Anfang gesetzt, ohne die üblichen Texteinleitungen:

Gott,
du hast mich verführt
und ich habe mich betören und verführen lassen.
Du bist mir zu stark gewesen
und hast mich überwältigt, ja vergewaltigt.
Ich konnte nichts dagegen tun.
Und jetzt verspotten mich alle,
und ich mache mich mit meiner Arbeit lächerlich.
Denn wenn ich etwas sage, dann ist es immer derselbe Aufschrei:
Das ist Unrecht! Das ist Gewalt!
Gott, dein Wort ist für mich zum Hohn geworden.
Wie oft dachte ich: Ich kann nicht mehr, ich will nicht mehr
in Gottes Namen für mehr Gerechtigkeit kämpfen.
Aber ich konnte nicht anders, es ließ mir keine Ruhe;
ich spürte es in meinem Herzen, in meinem Inneren wie eine innere Stimme, nein: wie ein verzehrendes Feuer.
Ich konnte es nicht ertragen;
ich wäre zugrunde gegangen –
ich mußte weitermachen!
Hinter meinem Rücken reden sie über mich,
sogar meine Freunde wollen nichts mehr mit mir zu tun haben.
Ich weiß nicht woher;
aber dennoch ist Gott mir ein Halt in allem,
was auf mich zukommt. Amen.

Liebe Gemeinde!
Dies ist ein Gebet für diejenigen, die unter Gewalt und Mißbrauch zu leiden hatten und noch immer leiden; ein Gebet für diejenigen, die durch ein ausgenutztes Abhängigkeitsverhältnis zu Opfern wurden und nun lieber verstummen und schweigen als noch ein wiederholtes Mal Opfer zu werden, wenn sie an die Öffentlichkeit gehen. Es ist ein Gebet für diejenigen, die von anderen gemieden und verspottet werden und längst dabei sind, sich auch selber aufzugeben.
Doch es sind nicht meine eigenen Worte. Es ist der heutige Predigttext, ein Gebet des Propheten Jeremia, das in seinem ganzen Umfang auch unser Gebet werden will: Klageworte, in die wir mit einstimmen können; ein Angebot, sich mit Jeremia zu identifizieren, da wo wir in unserer Arbeit, wo wir in unserem Einsatz für die gerechte Sache zutiefst angefochten sind – und letztlich ein solidarisches Zeichen der Hoffnung und erneuten Gottesgewißheit.

»Gott, du hast mich verführt und ich habe mich betören und verführen lassen. Du bist mir zu stark gewesen und du hast mich überwältigt, ja vergewaltigt ...« Das sind schlimme Worte; Begrifflichkeiten, die uns aus dem Zusammenhang schmerzvoller Gewalterfahrungen von Frauen bekannt sind. Doch von Gott ist hier die Rede; Jeremia fühlt sich in seinem Prophetendienst von Gott »wie vergewaltigt«. Vergreift sich Jeremia da nicht im Ton? Vergreift er sich da nicht im Ton, wenn er so zu Gott betet? Und ist es nicht auch eine Mißachtung gegenüber den Frauen, den Opfern von Gewalt, wenn Jeremia diese schrecklichen Begriffe einfach so im übertragenen Sinne benutzt?
Jeremia fühlt sich von Gott betrogen und auch verlassen. Im Innersten erschüttert, will er mit Gott und mit Gottes Auftrag für ihn nichts mehr zu tun haben. Er will von Gott nichts mehr wissen. Hinter solchen Worten der Erschütterung und Anfechtung stehen schmerzhafte Erfahrungen, die Jeremia gemacht hat. Gottes Botschaft hat er mit seiner ganzen Person vertreten, hat dafür eingestanden, ohne sich auch nur im geringsten abgrenzen zu können.

Möglicher Verlauf
Hier können nun Ausführungen zur Situation des Jeremia anschließen: Jeremias Berufung, sein Auftrag und deren Konsequenzen, die Jeremia als Verspottung, Verfolgung, Gefängnis, Folter und Einsamkeit zu tragen hat. Auch seine »Konfessionen«, sein persönliches Leiden an Gott und an sich selbst können hier beschrieben werden.
(Eine gute und kurze Darstellung der prophetischen und politischen Situation des Jeremia bietet Hubertus Halbfas, Religionsunterricht in der Grundschule. Lehrerhandbuch 4, Düsseldorf 1986, S. 216–218.)
Das sollte allerdings nur in dem Umfang geschehen, in dem parallel dazu Erfahrungsbezüge aus (eigenen) Gemeindesituationen hergestellt werden: die neuralgischen Punkte ehrenamtlichen Engagements besonders von Frauen; die »undankbare Aufgabe« der Gemeindegruppen, die sich in den Themenbereichen des Konziliaren Prozesses (Frieden, Gerechtigkeit, Bewahrung der Schöpfung) engagieren (s.o. »prophetische Arbeit«) und selbst von den anderen Kerngemeindegruppen nicht ernstgenommen werden. »Das ist Unrecht! Das ist Gewalt!« – Beispielhaft kann hier gut die prophetische Gestalt von einem der »großen alten Männer« unserer evangelischen Kirche, die in den letzten Jahren starben, herausgearbeitet werden: Kurt Scharf, Heinrich Albertz, Helmut Gollwitzer.
Klage und Anklage der Mächtigen und der gesellschaftlichen Strukturen – wer will das schon andauernd hören? Er erntet Spott und Hohn, Haß und Verfolgung, und er wird einsam. Mit ihm will keiner mehr etwas zu tun haben. Er ist zu unbequem, zu radikal, zu deutlich, zu politisch ... Wie lange kann das einer aushalten? Wie lange kann man Ablehnung und Anfeindung aushalten? Irgendwann gibt es da den Punkt, wo Resignation und Rückzug naheliegen: »Ich will nicht mehr an Gott denken ...«

Jeremia ist am Ende und er macht Gott dafür verantwortlich. Gott oder die anderen sind Schuld an seiner Krise. Er fühlt sich im Stich gelassen und will sich nun seinerseits von Gott abwenden – aber betet! Das heißt: Er bleibt mit Gott in Verbindung. Doch wie lange kann man Anfechtungen aushalten?
In den letzten Teil der Predigt gehört die Entfaltung des Bildes vom »verzehrenden Feuer« als einer ambivalenten Gotteserfahrung; vielleicht mit Hilfe der Metapher »Feuer gefangen haben«. Feuer wärmt, erhellt, setzt Energie frei; Feuer ist aber auch gefährlich, verzehrend, zerstörerisch, wenn wir zu nahe kommen. Von Gott ergriffen zu sein, Gottes Botschaft zu spüren und zu erleben, zu leben – das ist eine gefahrvolle, herausfordernde, leidenschaftliche Seite. Gottes Gegenwart ist nicht nur lieb und tröstlich, sondern leidenschaftlich und herausfordernd. Gottes Nähe zu spüren wie ein »verzehrendes Feuer« – das Aushalten innerer Spannungen korrespondiert in der Prophetischen Existenz dem Aushalten ambivalenter Gottesbilder und -erfahrungen.

Möglicher Schluß
»Aber Gott ist bei mir wie ein starker Held.«
Jeremia hält an Gott fest – weil Gott es sich gefallen läßt, daß wir klagen und anklagen und Gott verantwortlich machen. Vor Gott und vor uns selbst können wir sein, wie wir sind: enttäuscht und verzweifelt; mit dem Gefühl, von Gott um unser Leben betrogen zu sein. Wir können dies vor Gott aushalten, denn Gott hält mit uns aus.
Aus der ausgehaltenen, offenen Klage wächst das Dennoch des Glaubens: »Dennoch hältst du mich, bist mir ein starker Held. Singt Gott, rühmt Gott, der das Leben des Armen aus den Händen der Boshaften errettet.« Diese Zuversicht wünsche ich uns allen: daß sie uns hindurchträgt durch Einsamkeit, Resignation und Anfechtung – und vor Gleichgültigkeit bewahrt. Amen.

Kontexte

Why's a woman still not save
When she's in her home?

Warum ist eine Frau selbst dann nicht sicher,
wenn sie zu Hause ist?
(Tracy Chapman, Why? aus ihrer ersten LP »Tracy Chapman«)

Wie kamst Du gerade auf mich?

Auch heute wieder
frage ich mich,
wer Du warst oder bist,
was Du willst.

Viele
wissen das besser
und einige
folgen Dir nach.

Wie aber kamst Du
auch noch auf mich?
Bin doch nicht der,
den Du brauchst!

Dennoch,
dennoch
komme ich nicht los
von Dir.

(Mit freundlicher Genehmigung des Radius-Verlags Stuttgart entnommen aus: Kurt Marti: O Gott! Essays und Meditationen © Radius-Verlag, Stuttgart 1986)

»Die Einsamkeit des Langstreckenpropheten:
Da ist Jeremia, ein großer Prophet, vielleicht der einsamste der Propheten. Viel lieber möchte er Heil ansagen wie manche seiner Kollegen; viel lieber möchte er die Hoffnungen sich erfüllen sehen, die auch seine eigenen sind.«
»Die babylonische Herrschaft über Juda soll bald aufhören, der Zwang soll rasch ein Ende haben. Jeremia aber sieht genauer. Er weiß, daß wahre Prophetie in seiner Zeit zuerst in der Ansage des Zusammenbruchs aller falschen Hoffnungen und aller Ideologien bestehen muß, die die Realität verschleiern. Denn ein Prophet ist einer, der offen heraussagt, was ist. Das und nicht in erster Linie das Vorhersagen der Zukunft macht den Propheten aus. Ansagen, was ist, offen die Folgen heraussagen, wenn es so weitergeht: das ist Prophetie. Aber wie ergeht es einem, der so spricht? Jeremia wurde verfolgt, verspottet, eingekerkert. Der Wehrkraftzersetzung wurde er beschuldigt und des Staats- und Religionsverbrechens. Er hatte nicht getan, was bis heute der Kirche als Aufgabe zugeschoben wird, nämlich Hoffnung zu machen, Hoffnung zu produzieren wie eine gängige Ware oder wie eine Droge.«
Die Helden Israels sind »beschädigte Helden«.
»Weil ich mich im Verzagen, in der Mutlosigkeit Jeremias wiedererkenne, kann ich den Versuch machen, mit ihm auch die großen Worte zu sagen, die mutigen Worte, die Worte, die ich mit meiner eigenen Glaubwürdigkeit nicht abdecken kann.«

(Jürgen Ebach, Prophetinnen und Propheten heute? Wortbeitrag in einer Veranstaltung der Arbeitsgruppe 3 auf dem Ev. Kirchentag am 6. Juni 1991 in Bochum, in: Junge Kirche 10/11 [1991], S. 592f.)

Lätare

Annäherungen an den Predigttext Johannes 6,47–51

Jürgen Rogler

Ausgangssituation: Das Gespräch fand am 3.12.1992 statt. Außer mir waren fünf Gemeindemitglieder aus unterschiedlichen Alters- und Berufsgruppen beteiligt. Das Gespräch dauerte 90 Minuten.

Zusammenfassung

a) erste Reaktionen auf den Text

Zitate von einigen Äußerungen: »Schwerfällig, verdreht, verworren; – verschiedene Aussagen aneinandergereiht; – mir fehlt der Zusammenhang zum Ganzen; – wenn da jemand in der Kirche ist, der sich nicht auskennt, der kommt damit nicht zurecht; – wie ist das mit dem ewigen Leben? Man muß doch sterben! Das mit dem Leben, Tod und ewigem Leben geht so durcheinander; – der Text nimmt den leiblichen Tod nicht ernst; – ich bleibe hängen an dem ›hat‹ im 1. Vers. Wer glaubt, bräuchte also nichts mehr zu *tun* für das ewige Leben?«

b) Was bedeutet »Brot des Lebens«?

Der zweite Teil des Gespräches kreiste um diesen Begriff. Folgende Fragen wurden aufgeworfen:

Wenn damit das Abendmahl gemeint ist, was ist mit den Menschen, die kirchenfern sind und nicht am Abendmahl teilnehmen? Sind sie etwa vom Leben ausgeschlossen? Ist es nicht genug zu glauben? Der Text legt ja nahe, daß das Abendmahl unabdingbar sei. Kann nicht vielmehr auch jemand durch den Glauben an dem Brot des Lebens teilhaben, und das Abendmahl ist lediglich ein Ausdruck dafür?

Zitat: »Ich verstehe das Brot als Wort Jesu und die Ziele, die er verfolgt. Glauben hieße dann, Jesu Worte, Taten und Ziele akzeptieren und zum eigenen Motto zu machen.« Weiter wurden folgende Vermutungen geäußert:

Vielleicht ist mit dem Brot doch Jesus selbst gemeint. Dieses Brot essen hieße dann Jesus selbst aufzunehmen. »Lebendiges Brot« könne dann auch heißen ein »geistliches« Brot. Jesus sättigt die Menschen im Glauben.

Im letzten Satz deutet Jesus sicherlich auf seinen Tod hin. Er opferte sich für die Welt.

c) Wie wirkt diese Rede Jesu auf die Hörer?
Einerseits wurde die Rede als provokativ empfunden. Ein Mensch, der so redet, wirkt arrogant. Solch eine Sicherheit und die Behauptung, alles hänge von ihm ab und er bringe nur Gutes. Zitat: »Mich wundert nicht, daß er ans Kreuz kam. So eine sichere Art ist für viele Menschen nicht auszuhalten.« – »Weil mein eigener Glaube selbst nicht so stark ist. Ich habe auch meine Zweifel.« Am Ende der Jesusrede empfinden selbst seine Jünger sie als harte Rede (Joh 6,60).
Andererseits haben die Leute damals aber sicher zugehört. Vielleicht wollte Jesus die Leute kurz vor seinem Tod durch so eine starke Rede überzeugen, damit sie sich noch bekehren. Es gibt Menschen, die so starken Glauben haben, daß sie sich wie Jesus für andere opfern. Jesus redet so machtvoll, aber er zeigte ja seine Macht auch, z.B. in den Wunderheilungen. Für uns ist es schwer zu ertragen, wenn andere unser Engagement nicht teilen oder es gar ablehnen. Jesus konnte es aushalten, daß manche ihm nicht zuhören wollten.
Es ist eigentlich gut, so direkt zu reden. Es hat etwas bewirkt. Jesus hat durch diese Rede sicher viele gewonnen.

d) Offengebliebene Fragen:
– Wie ist das Verhältnis zwischen jetzigem Leben, dem Tod und dem ewigen Leben? Was ist mit »ewigem Leben« gemeint?
– Heißt Glauben, man müsse das Abendmahl zu sich nehmen? Sind die Kirchenfernen dann ausgeschlossen?
– Widerspricht nicht die Ausschließlichkeit des Anspruchs Jesu dem Wahrheitsgehalt in anderen Religionen? Einer verweist auf die Ringparabel von Lessing.
– Wie weit hat Jesus selbst ausschließend gedacht? Er hat sich ja zuerst an sein eigenes Volk gewandt. Das war nicht ungewöhnlich, da sich die Juden als auserwähltes Volk verstanden.
– Widerspricht das nicht dem Gnadenakt, daß Jesus die *ganze* Welt retten wollte?

Zum Gottesdienst

Hans-Jürgen Benedict

Theologisch-homiletische Skizze

Ein schwieriger Text, wie auch die »Annäherung« aus Nürnberg zeigt. Ich versuche zwei Wege, mich ihm zu nähern. Der erste beginnt mit einem Zitat von Rudolf Bultmann: Die Sprache des Johannes-Evangeliums ist »die Sprache eines Dualismus, in dem der Gegensatz von Eigentlichem und Uneigentlichem und deren Verwechslung im unerleuchteten menschlichen Denken zum Ausdruck gebracht wird« (Bultmann, Art. Johannes-Evangelium, in: RGG, 3. Aufl. Bd. 3). Unser Text ist der Schluß (wenn Vers 51 e bis Vers 59 spätere kirchliche Redaktion ist) der Auseinandersetzung Jesu mit den Galiläern über das Brot des Lebens im Anschluß an die Speisung der 5 000. Die Galiläer sind ähnlich wie die samaritanische Frau viel zu irdisch gesinnt, fixiert auf die Sättigung, die sie wundersamerweise erlebt haben. Jesus weist sie zurecht: »Bemüht euch nicht um Speise, die vergänglich ist, sondern um Speise, die bis zum ewigen Leben bleibt«. Sie verweisen auf das Manna, das Brot vom Himmel, das Mose ihren Vätern zu essen gegeben hat. Das ist der Anlaß für Jesus, auf das wahre Brot vom Himmel, das sein Vater gibt und welches der Welt Leben ermöglicht, hinzuweisen. Die Galiläer, in ihrer Beschränkung aufs Irdische, fordern sofort »Herr, gib uns solches Brot« (ähnlich wie die samaritanische Frau am Brunnen, Johannes 4,15). Damit erhält Jesus die Gelegenheit, zur Offenbarungsrede überzugehen – auf die Selbstbezeichnung »Ich bin das Brot des Lebens« folgt die Einladung bzw. der Ruf zur Entscheidung: »Wer zu mir kommt, wird nie mehr hungrig sein«. Daraufhin versuchen »die Juden« (Johannes differenziert leider nicht, sondern pauschalisiert sie als Repräsentanten der ungläubigen »Welt«) Jesu Selbstbezeichnung als Brot vom Himmel mit dem Hinweis auf seine irdische Abkunft ins Unrecht zu setzen: »Ist das nicht Jesus, der Sohn Josefs, dessen Vater und Mutter wir kennen« (Vers 42). Jesus geht auf diese Infragetellung nicht ein, sondern spricht vom Glauben als einem Wirken Gottes am Menschen. Und jetzt erst kommt unser Text mit dem zentralen Satz der johanneischen Erlösungslehre: »Wer glaubt, der hat das ewige Leben« (Vers 47). Das heißt im Sinne des johannäischen Entscheidungs-Dualismus: Die Erlösung vollzieht sich schon jetzt in der gegenwärtigen Existenz des Menschen (vgl. Joh 11,25).

Noch einmal Bultmann: »Erst die Offenbarung kann die Wirklichkeit dessen bringen, was die Welt vorspiegelt, schenken zu können: das Leben, das Licht, die Wahrheit, die Freiheit. Die Sehnsucht nach diesen Gütern durchzieht das menschliche Leben.« Daran knüpft das Johannes-Evangelium an, wenn Jesus sich als das wahre echte Licht, das wahre Brot, der wahre Weinstock bezeichnet. In ihm als dem Offenbarer sind diese Heilsgüter gegeben. Nur in der Begegnung mit Jesus und seinem Wort wird der Glaubende aus seiner Verlorenheit in der Welt befreit. In der Sprache unseres Textes: »Wer von diesem Brote ißt, der wird in Ewigkeit leben.« Luther sagt knapp und treffend: »Die Summe des Evangeliums des Johannes ist: Christus ist deine Speise.« Das heißt für mich aber auch: Der Vorgang des Essens ist zu realistisch, als daß er nur symbolisch und übertragen verstanden werden kann. Deswegen kommt es nicht von ungefähr, daß ab Vers 51 b bis Vers 58 die Lebensbrot-Selbstbezeichnung Jesu auf das Abendmahl bezogen wird, in dem Jesu Fleisch und Blut genossen werden. Wie gesagt, man kann Vers 51 b als kirchliche Redaktion streichen; aber bereits die Erwähnung des Lebensbrotes weckt die Erinnerung an das Abendmahl, an das Opfer Christi und damit an die Opfermahlzeit, die ja ursprünglich eine Kommunion der Gläubigen mit ihrem Gott ist und das auch in dem realistischen Sinne, daß die Gläubigen sich ihren Gott essend aneignen. (Freud hat in »Totem und Tabu« ja nicht zur Unrecht die Eucharistie als eine Wiederholung der archaischen Totenmahlzeit gedeutet). Auch wenn man als Prediger sich entscheidet, auf diesen Aspekt nicht einzugehen, muß man wissen, daß er in den Worten Jesu zumindest mitschwingt.

Wissen muß man aber auch, daß die Rede von Jesus als dem Lebensbrot noch stärker die Frage nach dem täglichen Brot wachruft. Ich sehe, wie das Rote Kreuz in Sara-

jewo extrem knapp bemessene Brotrationen an frierende alte Menschen austeilt. Ich sehe die Brotverteilung in Somalia, lese die Nachrichten von Millionen Hungernden in Afrika. Es ist schwer, in einer Welt des Hungers vom Brot des Lebens zu reden, das mehr ist als das tägliche Brot. Aber ich sehe auch den Hunger nach mehr als Brot bei den vielen Menschen, die in der sozialstaatlichen Öde unserer Gesellschaft leben und nur mit dem Rausch, dem Kick dieses Lebens ertragen können. Ich sehe die Drogenabhängigen, die Alkoholkranken, die Masse der Medienkonsumenten, die mit der täglichen Ablenkung durch Unterhaltung sich das Leben erträglich machen. Ich sehe auch diejenigen, für die die Warenwelt das wahre Leben bedeutet, die alles zum Objekt der Begierde machen – schnelle Autos, schöne Frauen, sexuelle Abwechslung, Prestigekonsum. Gefangen in dieser Welt sehnen wir uns nach sie vergessen machenden transzendierenden Erfahrungen. In Anknüpfung an den johanneischen Dualismus, der die Unweltlichkeit des Heils in Beziehung zu realistischen, sinnlichen Dingen aussagt, möchte ich die Predigt als das Märchen vom Brot des Lebens erzählen (es gibt ein ähnliches Märchen bei den Brüdern Grimm vom Wasser des Lebens). Das Märchen kann die Zuhörer gerade zum Eingang einer Predigt fesseln, indem es sie in die Erzählung hineinnimmt. Es wird an einer entscheidenden Stelle abgebrochen, dann wird der Kontext unseres Predigttextes erzählt und der Text selbst verlesen. Entscheidend für den Schluß der Predigt ist für mich die Einsicht, daß der Absolutheitscharakter christlicher Antworten endgültig vorbei ist. Christus ist nicht *das* Brot des Lebens. Wir können nur sagen: Dieser Satz steht dafür, daß es viele Brote des Lebens gibt. Wir befinden uns in einer religiösen Marktsituation, und die Begegnung mit Christus kann ein Beispiel dafür sein, wie unsere Sehnsucht nach den wahren Gütern eine bestimmte Antwort finden kann. Ob Christus oder ein anderer Weg das Brot des Lebens ist, wird sich im übrigen darin zeigen, ob die jeweilige Antwort den Hunger danach zu stillen vermag. Deswegen bleibt der Schluß des Märchens offen, vielleicht unbefriedigend, aber das ist nun einmal unsere Situation.
Die Gemeinde, die ich vor Augen habe, ist eine Großstadtgemeinde mit starkem Anteil von älteren Mitgliedern, die auch im Gottesdienst (neben den KonfirmandInnen) dominieren.

Zur Liturgie

Den traditionellen *Eingangspsalm* (Jes 66, Psalm 4) würde ich auf jeden Fall beibehalten, denn sein »Freuet euch« (Lätare) ist zusammen mit den Lesungen und dem *Wochenlied* »Jesu meine Freude« sehr schön auf die Verbindung von Freude/Trost und Leiden hin komponiert. Also insgesamt darauf achten, daß der zentrale Satz des Evangeliums »Wenn das Weizenkorn nicht in die Erde fällt und stirbt, bleibt es allein« in seiner Dialektik in der Liturgie zum Tragen kommt.

Als *Gebet vor der Lesung* schlage ich vor:
Wie Kinder zu Vater und Mutter,
kommen wir, Gott, zu dir.
Wir kommen mit unserer Freude und allem, was uns bedrückt
mit vielen Möglichkeiten
und doch immer wieder am Ende,

nicht frei von Angst,
aber auch nicht ohne Hoffnung.
Wir kommen zu Dir mit den Menschen,
mit denen wir verbunden sind
um deinem Wort in seiner Tiefe zu begegnen
durch Jesus Christus, unsern Herrn.

Dieses Gebet ist zugleich *die Einleitung zu dem Fürbittengebet* Nr. 413 in Erneuerte Agende Vorentwurf, S. 535f. Dieses Gebet bringt Ängste, Nöte und Sorgen einfühlsam zum Ausdruck (allenfalls die Strophe über die Mächtigen sollte genauer und kritischer gefaßt werden.)

Nach der Predigt würde ich die Strophen 4–6 von »Jesu meine Freude« singen lassen, bei Berücksichtigung der Abendmahlsthematik in der Predigt »Das sollt ihr Jünger Jesu nie vergessen« (EKG 159). Joh. S. Bachs »Jesu bleibet meine Freude« als *Orgelvor- oder -nachspiel* würde auch gut passen.

Nach dem Gottesdienst
Ich würde nach dem Gottesdienst, in dem so viel vom Brot die Rede war, zum »Kirchenkaffee« einen Brötchenkranz anbieten – analog zu meiner These, daß es *das* Brot nicht gibt, sondern nur viele kleine Bröt-chen.

Vorschläge zur Predigt

Möglicher Anfang
Ich möchte Ihnen zu Beginn ein Märchen erzählen, ein modernes Märchen vom Brot des Lebens.
Es war in der Zeit, als der Mensch sich zum Herrn der Schöpfung aufgeschwungen hatte, als alle Dinge machbar geworden waren und überall an den Straßen und Plätzen die großen Verheißungen der Werbeindustrie prangten, daß ein 18jähriger junger Mann schwerkrank wurde. Ihm fehlte äußerlich nichts: Er stand kurz vor seinem Abitur und hatte schon eine Stelle im Bankgewerbe sicher, er fuhr einen VW-Polo, spielte Tennis und verreiste mit seiner Freundin in den Ferien. Alles in allem war er ein gern gesehener Kamerad und Zeitgenosse, freundlich, interessiert, aber auch durchsetzungsfähig und leistungsorientiert. Plötzlich aber wurde er krank, klagte über Glieder- und Kopfschmerzen, über ein Gefühl der Mutlosigkeit und Leere. Er legte sich ins Bett und wollte nicht wieder aufstehen. Die Ärzte erklärten die Krankheit für vorübergehend, das komme mal vor bei sensiblen jungen Leuten, empfahlen Beruhigungsmittel und einen Kurzurlaub auf Mallorca, doch sein Zustand besserte sich nicht. Gelegentlich verfiel er in einen todesähnlichen Schlaf, aus dem er wohl 20 Stunden lang nicht erwachte. Dann standen seine Eltern und seine jüngere Schwester voller Sorge um sein Bett. Bei einem dieser Schlafanfälle murmelte er wie

im Fieber: »Das Brot, das Brot, ich will das Brot.« Seine jüngere Schwester, die allein bei ihm wachte, fragte, ob er Hunger habe. »Ich will das Brot, das Brot des Lebens. Besorge mir das Brot des Lebens«, murmelte er, »damit ich wieder gesund werde.« »Er redet im Fieber«, sagte die Mutter, die inzwischen dazugekommen war. »Das Brot des Lebens, seltsam, so etwas gibt es doch nicht.« Die jüngere Schwester aber ließ dieser Wunsch ihres kranken Bruders nicht mehr los und sie beschloß in der Nacht, als die Eltern schlafen gegangen waren, die Familie zu verlassen und sich auf die Suche nach dem Brot des Lebens zu begeben. Vielleicht ist es eine Art Medizin, dachte sie und so suchte sie zunächst die Apotheke in der Nähe auf, die Nachtdienst hatte. Der Apotheker schüttelte den Kopf: »Brot des Lebens, das gibt es nicht, oder willst Du mich zum Narren halten? Willst vielleicht gar etwas anderes für Deinen Bruder? Drogen oder Drogenersatz kriegst Du hier nicht, dann mußt Du schon zum Hauptbahnhof gehen.« Davon hatte die jüngere Schwester schon gehört, also fuhr sie zum Hauptbahnhof. Dort standen viele junge Leute herum, Drogenabhängige. »Habt Ihr das Brot des Lebens?« »Was willst Du Küken denn hier? Du bist doch viel zu klein für den Drogenstrich.« »Für meinen Bruder brauche ist das Mittel«, bettelte sie. »Er ist krank, versteht Ihr? Er braucht es unbedingt, sonst stirbt er.« »Wir brauchen es auch, weil wir sonst nicht überleben können. Wir brauchen es alle, um dieses öde Leben auszuhalten. Aber Du kriegst es nur, wenn Du Geld hast, verstehst Du. Umsonst ist nur der Tod.« »Bitte, bitte, Ihr dürft mich nicht abweisen, bitte gebt mir das Brot des Lebens«, bettelte sie weiter. »Die spinnt doch, zieh Leine«, sagte einer der Junkies und stieß sie weg. Da kam eine junge Frau auf die Schwester zu: »Komm mal mit, ich kann Dir vielleicht helfen. Willst Du mit mir eine Cola trinken?«

Zum weiteren Verlauf
Bis hierhin schlage ich vor, das Märchen vom Brot des Lebens zu erzählen. Dann mit der Frage »Kommt uns dieses Märchen bekannt vor?« darauf hinweisen, daß die Menschheit in ihrer Geschichte stets auf der Suche nach einer Speise der Unsterblichkeit war, nach dem Brot des Lebens, ja des ewigen Lebens.
Auch Jesus hat sich mit dieser Selbstbezeichnung den Menschen seiner Zeit offenbart. Dann kurz den Zusammenhang von Johannes 6 rekapitulieren, um sodann den Predigttext Vers 47 – 51 vorzulesen.
Nun könnte der Prediger den Text problematisieren, ähnlich wie in der »Annäherung« zeigen, wie schwierig er selbst für Christen ist, die sich entschieden zur Kirche halten, zum einen weil die Brotfrage heute immer noch materieller Natur für die meisten Menschen auf dieser Erde ist, zum anderen weil die Absolutheit des Anspruchs Jesu der religiösen Marktsituation widerspricht. Ein möglicher Kompromiß wäre: Wenn das Symbol des Brotes für den tieferen Sinn der Lebenserfüllung steht, dann ist die »Summe« des Joh-Ev: »Christus ist deine Speise« (Luther) nicht die endgültige Antwort, sondern nur das Modell einer möglichen Antwort.

Vorschlag für den Predigtschluß

Wie geht das Märchen vom Brot des Lebens aus? Anders als in »Das Wasser des Lebens«, in dem der Held alle Gefahren besteht und unter Verlust einer Ferse das heilende Wasser dem kranken Vater bringen kann, habe ich mir eine eher skeptische Lösung ausgedacht.

Die junge Frau geht mit der Schwester in eine kleine Kneipe, bestellt ihr eine Cola, sich einen Kaffee. »Wenn du das Brot des Lebens suchst, so muß ich dir sagen: Das gibt es nicht. Es gibt nicht das eine Brot, das Heilung und ewiges Leben bringt.« »Aber ich brauche es, mein kranker Bruder verlangt danach.« »Weißt du, wir alle haben Sehnsucht danach, wir suchen es unter vielerlei Gestalten und viele bieten es an: die Religionen, die Wissenschaften, die Medizin, die Konsumindustrie, die Kunst. Alle sagen: Ich bin das Brot des Lebens. Aber daran merkst du schon: Es gibt nicht das eine Brot, sondern allenfalls viele kleine Brote, um nicht zu sagen: Brötchen. Wenn wir uns das klarmachen, daß es nur ein kleines Brot ist, wir aber dieses Brot wirklich brauchen, dann ist uns schon geholfen.«

»Aber was soll ich meinem Bruder bringen«, sagte die Schwester.

»Ich glaube, seine Krankheit ist eher eine Art Heilschlaf. Er ist krank geworden, vielleicht weil er gemerkt hat, daß sein so erfolgreiches Leben noch nicht das wahre Leben ist. Das wahre Leben hat sich in der Krankheit gemeldet – als Sehnsucht nach dem Lebensbrot im Fiebertraum: Irgendwann muß er 'mal eine Geschichte darüber gehört haben, vielleicht die von Jesus, der sich als Brot des Lebens bezeichnet.«

»Die Geschichte kenne ich nicht«, sagte die Schwester, »wir gehen nicht in die Kirche.«

»Ist auch nicht so wichtig«, meinte die junge Frau. »Aber glaube mir, er wird sich gesund schlafen, die Medizin wirkt bereits in ihm; die Frage nach dem Brot, die du gehört hast, ist bereits der Weg zur Lösung.«

»Woher weißt du das so sicher? Bist du vielleicht eine gute Fee?«

Die Frau lachte: »Das kann schon sein. Aber hör 'mal, es ist schon fast Mitternacht. Du mußt nach Hause.«

»Und Sie können mir gar nichts mitgeben«, fragte die Schwester noch einmal. Die Frau schüttelte den Kopf.

Als die Schwester nach Hause kam, sah sie Licht im Zimmer ihres Bruders. Aufgeregt öffnete sie die Tür – und tatsächlich, da saß er am Schreibtisch und las. »Bruderherz, geht es dir wieder besser?«

»Ja«, antwortete er. »Ich fühle mich ganz gut.«

»Seltsam«, murmelte die Schwester, »da hat die Fee doch recht gehabt.« Und laut: »Was liest du denn da?«

»Ach«, sagte der Bruder etwas verlegen. »Es ist ein Märchen, das ich zufällig aufgeschlagen habe.«

»Verrätst du mir, wie es heißt?«

»Es heißt: Das Wasser des Lebens.«

Judika

Annäherungen an den Predigttext Johannes 11,47–53

Reiner Marquard

Gesprächsprotokoll des Bibelgesprächskreises der Evangelischen Kirchengemeinde Bensheim-Auerbach vom 19. November 1992.

Der Bibelgesprächskreis findet jeweils am 1. und 3. Donnerstag (20.00–22.00) im Gemeindezentrum unserer Kirchengemeinde statt. Seine Gründung wurde vor ca. fünf Jahren während einer Gemeinderüstzeit angeregt. Der Kreis setzt sich überwiegend aus Gemeindegliedern zusammen, die regelmäßig den Gottesdienst besuchen und Interesse haben an Predigtvorgesprächen. Die beiden Gemeindepfarrer leiten den Kreis im Wechsel und führen in die Problematik des Predigttextes zum nächsten Sonntag ein. Der Bibelgesprächskreis ist auch der Koordinationskreis für die fünf Hauskreise, deren Leitungen in gewissen Abständen im Bibelgesprächskreis über ihre Arbeit berichten. Die Leitungen der Hauskreise nehmen, so gut es zeitlich möglich ist, am Bibelgesprächskreis teil.

Das Gespräch wurde unter folgenden sechs Impulsen geführt: 1. Mein spontaner Eindruck ... 2. Das verstehe ich nicht ... 3. Das macht mich nachdenklich ... 4. Da höre ich die frohe Botschaft, das Evangelium, heraus ... 5. Da höre ich heraus, was Gott von mir fordert ... 6. Das erwarte ich zu einer Predigt zu diesem Text ...

Zu 1.: Die Hohenpriester und Schriftgelehrten sind ratlos (Vers 47). – Haben sie Angst, ihre Posten zu verlieren? – Warum weissagt Kaiphas (Vers 51)? Ist er ein Werkzeug, Mittel zum Zweck? – Er hat unbewußt etwas gesagt, was er bewußt nicht wußte (»Es ist besser für euch, ein Mensch sterbe für das Volk, als daß das ganze Volk verderbe« (Vers 59). – eindrücklich ist der letzte Vers (Vers 53): der steht einfach so da: fertig – aus! – Vers 48: Jesus ist zu mächtig. Sie haben Angst, Land und Leute zu verlieren. – Warum kümmern sie sich gerade um Jesus, andere waren doch auch da?!

Zu 2.: Wir wissen zu wenig über den Hohen Rat, wie er sich zusammensetzte, welche Aufgaben und Rechte er hatte. – Wie ist das Verfahren geregelt gewesen bei einem beabsichtigten Prozeß (Vers 53). – Der Gedanke »ein Mann für ein Volk« ist fremdartig. Werden da Vorstellungen vom Tieropfer aufgenommen? – War Jesus römerfreundlich (Vers 48)? War die Tätigkeit Jesu eine Gefahr für das Volk? – Die Weissagung in Vers 51 ist unverständlich durch den, der sie sagt.

Zu 3.: Der Hohe Rat, die Glaubensführer, haben keine Scheu, jemanden zu verurteilen, dem man nichts Böses nachsagen kann. Adolf Hitler hat ein Volk ins Verderben geführt (vgl. Vers 50), Jesus, der doch gerade nicht ins Verderben führt, soll sogleich umgebracht werden. – Welche politische Funktion hat die Religion? War Jesus verdächtig, weil er sich an Apg 5,29 orientierte? – Was ist Kaiphas für ein Mensch: läßt er einen Plan ablaufen, dem er sich doch nicht entgegenstellen kann? Ist er ein Instrument Gottes (wie Judas?)? Wie wäre die Heils-(Welt-)Geschichte verlaufen, wenn der Hohe Rat anders entschieden hätte? Gäbe es dann überhaupt eine christliche Heilsgeschichte? Kaiphas sagt etwas richtiges (Vers 50), aber er hat ein anderes Motiv. – Die Frage ist: wo sitzt die Macht? Bei Kaiphas und dem Hohen Rat? Bei den Römern? Beim Volk? Bei Jesus? Bei Gott?

Zu 4.: *Ein* Mensch (Exklusivität) soll sterben *für* das Volk, um die *verstreuten* Kinder Gottes (Inklusivität) zusammenzubringen (Verse 50, 51, 52).

Zu 5.: Vers 49: der Vorwurf (»Ihr wißt nichts!«) weist hin auf ein bedenkliches Defizit; wir müssen uns (auch und gerade politisch) kundig machen, um die Geister unterscheiden zu können, um gemäß Apg 5,29 sich auch konsequent verweigern zu können. Widerstand gegen Mächte braucht die Information über sie. Insofern ist der Glaube nicht unpolitisch.

Zu 6.: Zum einen werden Hintergrundinformationen über den Hohen Rat erwartet, zum andern geht es theologisch um die Beschreibung des Sühnetodes Jesu und des Anspruchs Apg 5,29. Vorsicht vor Antisemitismus (Wer ist »schuld« am Tode Jesu?). In 1. Mose 50,20 findet sich ein wunderbarer alttestamentlicher Bezug aus der Josefsgeschichte zu Kaiphas–Jesus: »Ihr gedachtet es böse mit mir zu machen, aber Gott gedachte es gut zu machen, um zu tun, was jetzt am Tage ist, nämlich am Leben zu erhalten ein großes Volk«. Joh 11,47ff. (die Ablehnung von Glaube an und Liebe zu Jesus) hängt wie ein dunkles Bild in einem hellen Rahmen: Verse 1–45 wird die Lazarusgeschichte erzählt (Motiv: Jesus für uns!); in Kap. 12,1–11 wird die Salbung in Betanien geschildert (Jesus findet Zuneigung.)

Zum Gottesdienst

Helga Trösken

Exegetische und theologische Überlegungen

In die Exegese des Johannes-Evangeliums ist wieder Bewegung gekommen. Kann man das Johannes-Evangelium – anders als die Bultmann-Schule nahelegt – auch so auslegen, daß antijudaistische Konsequenzen vermieden werden? Ist das Johannes-Evangelium möglicherweise früher zu datieren und näher am Geschehen, als die traditionelle Auslegung meint?
Bruce E. Schein, Markus Barth, Klaus Wengst u.a. haben in jüngster Zeit in unterschiedlicher Akzentuierung dazu Forschungen veröffentlicht. Danach wäre die Judenfeindschaft im Johannes-Evangelium eine innerjüdische Auseinandersetzung verschiedener Frömmigkeitsrichtungen im zeitgenössischen Judentum, möglicherweise (so M. Barth) noch zur Zeit vor der Zerstörung des Tempels geschrieben. Die Auseinandersetzung mit dem Galiläer Jesus und jüdischen Autoritäten (jüdisch möglicherweise geographisch = Judäer zu verstehen) spiegelt nach Jesu Tod die Auseinandersetzung der judenchristlichen Gemeinde mit »der Schrift« und den Worten und Taten Jesu.
Geographische Angaben sind kein bloßes Stilmittel, sondern zeigen die Nähe zum Ort des Geschehens, der Autor kennt die Gegend. Vermutlich wohnten die Judenchristen und -christinnen im Ost-Jordanland, weshalb z.B. Vers 54 unseres Textes zum Predigttext hinzugehört!
Die Auseinandersetzungen mit zeitgenössischen religiösen Bewegungen spiegeln sich als innerjüdische Auseinandersetzung auch in Kapitel 11 des Johannes-Evangeliums, wobei man sich im übrigen die religiöse Landschaft kaum bunt und attraktiv genug vorstellen kann: der Dyonisos-Kult z.B. in Beth-Shean (Skythopolis), der Täuferkreis um Johannes den Täufer, Zeloten verschiedener Richtung, römische »Frömmigkeit«, der Jerusalemer Tempel als jüdisches Zentralheiligtum, Samaritaner, Einzelne und Gruppen in der Wüste, usw.
Es verwundert nicht, daß die Autoritäten am Zentralheiligtum auch im Johannes-Evangelium vorwiegend als Hüter des Bestehenden dargestellt werden, als Hüter der Einheit, die in der Tradition begründet ist, geht es doch im Tempel um das Lebenszentrum Israels: die Anwesenheit Gottes, durch Opferpraxis den Menschen jeweils neu als Lebenschance vermittelt. Regelmäßige Wallfahrten, Opfergaben und das Feiern der großen Feste verbinden Juden in Judäa und Galiläa mit den Juden in der Diaspora.
Auch wer bezüglich der neueren exegetischen Überlegungen zurückhaltend ist, sollte bei diesem Text berücksichtigen, welche verhängnisvolle Geschichte der Antijudaismus produziert hat. Nach dem Holocaust ist besondere Sorgfalt angesagt, wenn wir uns in innerjüdische Auseinandersetzungen um Jesus einmischen. Unbedingt zu berücksichtigen ist die Einbindung der Geschichte in die politischen Verhältnisse und die Hierarchie der religiösen Führung damals. Jesus, der Jude, wird von jüdischen religiösen Autoritäten aus politischen Gründen geopfert, und dieses Opfer wird religiös interpretiert.
Der Anstoß, den die von ihm vollbrachten »Zeichen« geben, wird zum Motiv für das Todesurteil, welches zugleich Vollzug des göttlichen Heilsplanes ist. Für die an Jesus Glaubenden sind die »Zeichen« Evangelium, d.h. befreiende Zeichen des Lebens.

Vorschläge zur Liturgie

(Die Texte sind mit geringen Veränderungen entnommen aus Heidi Rosenstock/ Hanne Köhler: Du Gott, Freundin der Menschen, Stuttgart 1991.)

Kyrie
Weil wir unlösbar verstrickt sind in ungerechte Strukturen
und schuldig werden an anderen Menschen und damit an Gott;
weil in unserer Welt Gewalt herrscht
und uns das Frieden-stiften schwerfällt;
weil wir hoffen,
daß Menschen und Welt gerettet werden können
durch unser Mühen und mit Gottes Hilfe,
darum bitten wir: Gott, erbarme dich.
Weil wir wissen, daß unsere Welt nicht in Ordnung ist,
und weil es uns schwerfällt, diese Welt in Ordnung zu bringen,
bitten wir: Christus, erbarme dich.
Wer sollte uns verstehen, wenn nicht du?
Du kennst Leid, Folter, Schmerzen, Tod
nicht erst seit dem Kreuz.
Es tut gut, dir klagen zu dürfen,
was uns schmerzt und quält.
Aber wir trauen dir oft nicht zu,
daß du unser Schreien hörst und unser Halt bleibst.
Darum bitten wir: Christus, erbarme dich.

Gnadenzusage
Nicht immer, aber manchmal erleben wir:
Gewalt kann beendet werden,
Versteinertes kann aufbrechen.
Wir sind nicht allein,
mit uns mühen sich viele um eine gerechte Welt.
Weil wir erfahren, daß Gott uns Mut und Kraft schenkt,
singen wir: Ehre sei Gott in der Höhe!

Kollektengebet
Gott des Lebens, wir bitten dich um Deine Kraft,
die uns frei macht von Schuld,
die uns ermutigt zum Leben,
die uns verbindet in Gemeinschaft untereinander.
Dies bitten wir durch Jesus Christus.

Fürbittengebet
Du Gott des Lebens, wir danken dir,
daß du uns mit dem Kreuz Jesu das Zeichen gegeben hast,

daß wir trotz allem Unheil, allem Unrecht und allen Schicksalsschlägen
die Hoffnung nicht aufgeben müssen,
daß du die Welt verwandeln willst.
Gib, daß man uns etwas von dieser Hoffnung anmerkt.
Hilf, daß wir besser lernen, einander Mut zu machen,
daß wir den Verzweifelten, denen, die Unrecht leiden,
besser beistehen können.
Gott, verwandle uns so,
daß wir dir wirklich nachfolgen können,
daß wir barmherziger werden zu all denen, die leiden müssen,
daß wir lieben können, auch da, wo es uns Überwindung kostet.
Verändere deine Kirche, deine Gemeinde so,
daß sie nicht mehr die Sorge um sich selbst
in die Mitte ihres Denkens stellt,
sondern deine Liebe,
die alles erduldet,
deren Zeichen dein Kreuz ist.
Gott, was uns Leben verheißt,
ist nicht Ruhe und Wohlergehen,
sondern der Sieg deines Kreuzes.
Dafür danken wir dir und beten dich gemeinsam an.

Liedvorschläge
16,4+5; 91,5+8; 78; 98 (Nummern des neuen Ev. Gesangbuchs)

Vorschläge zur Predigt

Möglicher Anfang
Da sitzen sie in geschlossener Sitzung, die Herren vom Hohen Rat. Einziger Punkt der Tagesordnung: »Dieser Mensch tut viele Zeichen«. Zwei, drei Jahre hatten sie ihn schon beobachtet. Er unterschied sich von anderen Wundertätern, aber bis zu diesem letzten Zeichen war kein besonderer Handlungsdruck gewesen. Man hatte mit ihm diskutiert, ihm zeitweilig Hausverbot im Tempel, in der Synagoge gegeben, hatte ihn auch verwarnt, aber theologisch war ihm nicht beizukommen. Da hatte er die Schriften der Väter auf seiner Seite. Doch mit dem letzten Zeichen war das Maß voll. Er hatte einen Toten auferweckt, Lazarus, der bereits drei Tage im Grab gelegen hatte. Und dessen Schwester Martha hatte öffentlich bekannt: »Dieser Jesus ist Christus, der Sohn Gottes«. Das ging zu weit!
Nun steht er auf der Tagesordnung des Hohen Rates. Unruhe, religiösen Aufruhr kann man nicht gebrauchen. Die römische Besatzungsmacht wittert sowieso immer die Revolution, wenn irgendwo ein religiöser Streit öffentlich wird.

Zum weiteren Verlauf
Ich würde die Sitzung des Hohen Rates weiter erzählend schildern, wobei die Funktion deutlich werden sollte und die Argumente erzählend transparent werden:
Angst des Hohen Rates vor dem Chaos. Der Tempel könnte von den Römern besetzt werden. Das religiöse Symbol der Einheit, bis dahin noch mühsam und diplomatisch geschickt gehalten, könnte römischer Willkür preisgegeben werden.
Kaiphas als Hoherpriester enthüllt wider Willen den Plan Gottes.
Prophetische Eingebung in der Tradition, damals und heute.
Jesus, der Anstoß (Skandal) für die religiös Mächtigen und die politisch Verantwortlichen: »Sie waren entschlossen, ihn zu töten«.
Ich würde einige der anstößigen Zeichen aus der Geschichte Jesu kurz nacherzählen, um dann plausibel zu machen, warum der Hohe Rat das Todesurteil unterstützen muß und so den Heilsplan Gottes erfüllt.
Es muß deutlich werden, daß es hier nicht um Schuldzuweisung geht (»die Juden« sind schuld am Tod Jesu), sondern um die theologische Aussage in einem jüdisch-theologischen Kontext: Jesus hat die Funktion des Sühnopfers, das an den Tempel gebunden war, auf sich gezogen, und jüdische, religiöse Autoritäten bestätigen dies in den jeweiligen Funktionen als »Hoher Rat« (taktisch-diplomatisch-politisch) oder Hoherpriester (prophetisch-biblisch).
Vers 54: Der Rückzug mit dem engsten Kreis in die Nähe der Wüste wäre anzusprechen wie auch in anderen Zusammenhängen als Kontemplation, die enge Verbindung mit Gott vor wichtigen Ereignissen (vgl. heutige Versuche der Meditation in Häusern der Stille).
In einem dritten Teil müßte dargelegt werden, wo und wie Jesus heute zum Anstoß wird, welche Zeichen er und die ihm Nachfolgenden heute setzen – in einer Gesellschaft, in der die Kirche immer geringere Akzeptanz findet, Religiosität aber gefragt ist, wo Konflikte sich verschärfen und die Gewaltbereitschaft zunimmt, wo die Schere zwischen Arm und Reich immer weiter auseinander klafft, wo wäre Jesus zu finden?
Bei denen, die hinter verschlossenen Türen Programme ausdenken, die von der Angst vor Veränderung geprägt sind? Bei denen, die möglichst alle Konflikte vermeiden und deshalb Formeln für jede Gelegenheit bereit haben? Wie würde er heute Zeichen setzen gegen Angst und Gewalt, Zeichen des Friedens?
Der politisch pragmatische Satz des Kaiphas: »Es ist besser für Euch, ein Mensch sterbe für das Volk, als daß das ganze Volk verderbe«, ist heute so entlarvend wie damals. Menschenopfer nach diesem Schema gibt es auch heute in vielfältiger Form. Beispiele: Die Reaktion auf terroristische Drohungen. Die Reaktion auf angebliche Volksmeinung: »Das Boot ist voll«. Jesus wird geopfert im Namen eines politischen Pragmatismus.

Möglicher Schluß
Am Ende allerdings wird gerade der Tod Jesu zu einem neuen Zeichen der Hoffnung. Das hatten Kaiphas und die Herren vom Hohen Rat in ihre Überlegungen nicht mit einbezogen. Ein Zeichen der Hoffnung, das die Zeichen von Jesu Leben und Wirken fortsetzt. Denn »Ihr gedachtet es böse zu machen, aber Gott gedachte es gut zu machen«.

Kontext

CHRISTUS HEUTE
Was würde Christus heute tun?
Wär er am Hof der Herrn
und sorgte, daß kein Umsturz droht,
hätt' er die Reichen gern?
Was würde Christus heute tun?
Spräch' er vom stillen Glück
des Christen, der Erbauung sucht
fernab der Politik?
Was würde Christus heute tun?
Gäb Steine er statt Brot?
Hieß er uns neue Tempel baun,
wo Völker leiden Not?

Wo würde Christus heute stehn?
Säß er im Hohen Rat?
Säß er auf einem Bischofsthron
in prunkvollem Ornat?
Wo würde Christus heute stehn?
Wollt er am Ende gar,
daß keiner neue Wege wagt,
damit es bleibt, wie's war?
Wo würde Christus heute stehn?
Was heißt heut: Denket um,
verändert diese Welt, und lebt
das Evangelium?

Was würde Christus heut geschehn?
Ging man denn auf ihn ein?
Fänd man ihn nicht mehr radikal?
Würd man ihm heut verzeihn?
Was würde Christus heut geschehn
und Menschen seiner Art?
Käm er am Urteil heut vorbei?
Würd ihm das Kreuz erspart?
Was würde Christus heut geschehn,
ließ er sich bei uns sehn?
Wer folgte ihm im Glauben nach,
wer würde mit ihm gehn?

(Lothar Zenetti, Texte der Zuversicht, Verlag J. Pfeiffer München 1987)

Palmsonntag

Annäherungen an den Predigttext Johannes 17,1 (2–5)6–8

Dieter Schupp

Gespräch mit drei Freunden, freitags abends in Peters Kneipe.
Hardy liest laut vor: »Joh, Punkt, siebzehn, Komma 1, Klammer auf, zwei bis fünf, Klammer zu, sechs bis acht.«
Rainer lacht laut auf, Sigrid zieht die Augenbrauen zusammen, Hardy hat schon die Nase voll.
»Warum Klammer auf, zwei bis fünf, Klammer zu?«, fragt Sigrid, doch Rainer winkt ab: »Wenn die von der Kirche das schon in Klammern setzen, kannst du's getrost vergessen.«
Sigrid bleibt neugierig, und Hardy beginnt, die Verse eins bis acht aus dem 17. Kapitel des Johannes-Evangeliums laut vorzulesen.

Rainer unterbricht ihn schon bald mit der Bemerkung: »Fang noch 'mal an. Irgendwo habe ich aufgehört, dir zuzuhören.«
Hardy ist beleidigt, schiebt die Bibel zur Seite und greift nach seinem Glas. Rainer geniert sich, Sigrid ziert sich.
Da bietet sich der Peter an, der Wirt in der Kneipe. Er nimmt die Bibel in die Hand und fragt, was er denn vorlesen solle. Man zeigt es ihm, und Peter liest die acht Verse vor. Am Ende wiederholt Sigrid die letzten Worte: »... sie glauben, daß du mich gesandt hast.« Peter geht kopfschüttelnd in die Küche, um die bestellte Gulaschsuppe zu holen. Er trägt sie an den Nebentisch, wo ein Mann und eine Frau sitzen.
Peter kommt zu uns zurück und will wissen:
»Sie? Wer – sie?«
»Wir natürlich.«
»Quatsch! Wir doch nicht! Die Jünger! Oder?«
Peter gibt zu verstehen, daß für ihn die Angelegenheit erledigt ist.

Sigrid mag das Wort »verherrlichen« nicht. Hardy stört sich an dem Wort »Macht«, und Rainer kann nicht verstehen, was das Wort »Werk« in der Bibel zu suchen habe.
Hardy erinnert ihn und uns an die Pfaff-Werke, eine Nähmaschinenfabrik in unserer Stadt. Eine gute Weile reden wir anschließend über Kurzarbeit

und über drohende Entlassungen, die man mittlerweile Freistellungen nennt.
Dann läßt sich Sigrid wieder die Bibel geben und liest: »So wie du mich verherrlichst, so verherrliche ich dich auch.«
Rainer lacht laut auf. »Da habt ihr's«, bemerkt er, »das alte Prinzip ...« Wir schauen ihn fragend an, und er antwortet: »Klar, eine Hand wäscht die andere.«
Hardy kann mit dem Wort »verherrlichen« nichts anfangen, und wir suchen gemeinsam nach anderen Wörtern. Es fielen uns ein: verehren, anhimmeln, anbeten, in den Himmel heben.
»Und was fangen wir damit an?«
»Ich verstehe das so: Wer mich lobt, den lobe ich auch. Undsoweiter.«

Peter, der Wirt, kommt wieder zu uns.
Er sagt: »Ich muß mir ja einiges anhören, abends und nachts, so zwischen sechs und zwei. Auch unverständliches und zusammenhangloses Zeug, das könnt ihr mir glauben. Aber so etwas« – und dabei deutet er auf die aufgeschlagene Bibel – »so etwas Unklares habe ich noch nie zu hören bekommen.«
Hardy lacht laut, Rainer steckt sich eine Zigarette an, Sigrid schlägt die Beine übereinander.
Peter spült Gläser und sagt uns: »Ich habe gelernt, die Redenden reden zu lassen. Und wenn sie ohne Punkt und Komma reden, umso besser. Für sie.«
Rainer antwortet ihm: »Das Schlimme ist, daß wir gar nichts zu reden haben, obwohl wir das alle irgendwo möchten.« Dabei tippt er mehrmals mit seinem Mittelfinger auf die Bibel.
Sigrid behauptet, auch in Joh, Punkt, siebzehn gebe es weder Punkte noch Kommas, Hardy empfiehlt, die »Sache« dem Fachmann zu überlassen, Rainer fragt mich, was ich von »Opus Dei« halte.

Einfälle von Rainer, Hardy und Sigrid:
– Ich tippe mal, daß es hier um das Verhältnis Vater–Sohn geht oder – schlag nach bei Hegel – um die Beziehung Herr–Knecht.
– Mir kommt das so vor, als wolle sich Jesus irgendwie rechtfertigen. Aber warum weiß ich auch nicht.
– Ich habe mir bisher unter »ewiges Leben« was ganz anderes vorgestellt, halt so was mit Himmel und so.

Einreden von Hardy, Sigrid und Rainer:
– Mich wundert, daß Jesus so oft »ich« sagt, das paßt doch gar nicht so richtig zu dem.
– Ich glaube, daß das ein Zwiegespräch ist, gewissermaßen unter vier Augen. Und das gehört nicht in die Öffentlichkeit.

– Für mich ist das nichts anderes als eine Bitte um Entlastung. Ganz im Sinne von: Ich habe getan, was ich tun konnte.

Anregungen von Sigrid, Rainer und Hardy:
– Das brauchst du in der Kirche nicht vorlesen, weil es eh niemand versteht.
– Such' dir doch was anderes aus der Bibel aus, um darüber zu predigen. Das, was da steht oder drin steht, interessiert keinen.
– Sag doch mal, worin sich eigentlich Gott und Jesus wirklich unterscheiden. Oder gibt es etwa überhaupt keinen Unterschied?

Kommentar meinerseits:
»Es wäre nicht der Mühe wert, siebzig Jahre alt zu werden, wenn alle Weisheit der Welt Torheit vor Gott wäre.« (Goethe)

Zum Gottesdienst

Friedrich Holze

Theologisch-homiletische Skizze

In Kapitel 17, von dem Rostocker Theologen Chyträus (1531–1600) als »hohenpriesterliches Gebet Jesu« bezeichnet, schlägt für mich das *Herz* des Johannesevangeliums. Kennzeichnend für die Dramaturgie dieses Evangeliums ist eine radikale Wendung des Geschehens von außen nach innen. Schildert der erste Teil das Wirken Jesu in der »Welt«, seine öffentliche Auseinandersetzung mit Menschen, die durch die Begegnung mit ihm zu einer neuen Identität finden oder sich mit wachsender Feindschaft an ihre alte Identität klammern, so erleben wir im 13. Kapitel nach dem Einzug Jesu in Jerusalem – also auf dem Höhepunkt seines Öffentlichkeitswirkens – einen einschneidenden *Wendepunkt*. Der Schauplatz wandelt sich. Während draußen, in der »Welt«, die Wogen der Feindseligkeit immer höher branden, wendet sich der Blick des Evangelisten nach innen. Mit der Komposition der »Abschiedsreden« führt er uns in einen nach außen abgeschirmten Raum der Ruhe, wo Jesus den kleinen Kreis der Menschen, die sich zu ihm bekannt haben, in ihrem Glauben stärkt. Das ist jetzt wichtig: Zurüstung für die Stürme, die in Zukunft auf ihre Gemeinschaft zukommen werden. Jesus läßt sich nicht fesseln vom Bann der äußeren Ereignisse. In souveräner Freiheit nutzt er die ihm noch verbleibende Zeit, im Kreise derer, die ihm aufs engste verbunden sind, eindringlichen Bildern von Hoffnung Gestalt zu geben, die den Horizont seines Abschieds und nahen Todes übergreifen.
Bevor der Evangelist den Erzählfaden mit dem Fortgang der äußeren Ereignisse des Passionsweges Jesu wieder aufnimmt, vollzieht er in Kapitel 17 noch eine letzte, ins Intimste gehende Innenwendung des Geschehens. Jetzt treten selbst die Gesichter der Jüngergestalten kulissenhaft zurück, und wir sehen Jesus *allein* vor uns, schauen ihm, während er betet, gleichsam ins Herz. Mit einer fast atemberaubenden Kühn-

heit wagt es der Evangelist, die Gottesbeziehung Jesu offenzulegen. Es ist, als würde ein letzter Vorhang beiseite gezogen – und wir dürfen im Gebet Jesu zu Zeugen werden, was ihn im Innersten bewegt und trägt.
Johannes rührt hier an das faszinierende und irritierende Geheimnis der Person Jesu. Aus welchen verborgenen Kräften schöpft ein Mensch, an dessen Sendung sich die Geister scheiden und dessen Ausstrahlung selbst seinen Tod überdauert? Mit welchem »Bewußtsein« geht Jesus seinem Abschied von der Welt entgegen – und dies nicht als ein von den Ereignissen Getriebener, Übermannter, dem das Ruder des Lebens aus der Hand gerät, während die Schicksalswogen über ihm zusammenschlagen, sondern als ein Wissender, ja die Fäden seines Geschicks bewußt in der Hand Behaltender, über dessen Leben am Ende nicht die zerstörerischen Kräfte des Todes obsiegen, sondern – in einer geradezu paradoxen Umkehrung der Dinge – es zu seiner eigentlichen Vollendung und Erfüllung bringen?
Johannes ist überzeugt: Der äußerlich sichtbare Ablauf der Leidensereignisse ist von *innen* her bestimmt, von Jesu Gottesbeziehung, die sich in seinem Gebet spiegelt. Aus ihr heraus wandeln sich die Proportionen, kehrt sich die erfahrbare Wirklichkeit um – wird Großes klein und Kleines groß, erscheinen Machthaber wie Marionetten eines höheren Willens, beherrscht ein scheinbar Ohnmächtiger am Ende die Szene, zerbricht die lautstarke Kraftmeierei der Aggressiven an der stillen Passion der Liebe, in der Gott selbst sich an den Menschen »verherrlicht«.
Als *homiletisches Leitmotiv* bietet sich daher an, die Erfahrungen von *»Macht in der Ohnmacht«* zum Thema zu machen. Als eine mögliche Zielgruppe ließe sich dabei eine Gottesdienstgemeinde annehmen, die sich als Minorität ausgegrenzt und überrollt fühlt von der säkularen Entwicklung einer Gesellschaft, in der sich ein »Abschied vom Christentum« vollzieht. Kann der Blick auf den Glauben Jesu gestalterische Kräfte nach innen und nach außen hin freisetzen, die aus dem Tal von Fatalismus und Ohnmacht herausführen? Lassen sich gegen einen scheinbar unaufhaltsamen Trend eigene produktive Akzente setzen, die ihn verändern? (Dies ließe sich in gewisser Weise parallelisieren mit der historischen Situation der johanneischen Gemeinde, die sich als Minderheit ebenfalls ins gesellschaftliche Abseits gedrängt fühlt und von Untergangsängsten geplagt ist. Vgl. hierzu K. Wengst »Bedrängte Gemeinde und verherrlichter Christus«, München 1990[3], S. 183ff.) – Perspektiven eröffnen könnte der Predigttext auch für Menschen, die resignieren wollen angesichts des Zerstörungspotentials, das sich auf der Erde anhäuft. Die Berichte von kriegerischen Greueltaten in Europa und anderswo, von der Zerstörung des Lebens durch Hunger und Umweltfrevel lassen fragen, wie überhaupt noch dem Leiden mit einem Bild der Hoffnung begegnet werden kann. Können aus dem Glauben Jesu Kräfte zu einer Umgestaltung wachsen? – Weiter sehe ich Menschen vor mir, die ganz persönliche Abschiedserfahrungen zu bewältigen haben: Abschiede von Menschen, Abschiede von Arbeit oder Gesundheit – Menschen, die vielleicht gar den nahen Abschied vom eigenen Leben vor Augen haben. Vermag auch hier der Blick auf den Glauben Jesu den Weg in die eigene Passion anders sehen lehren, die seelische Lähmung überwinden und den Willen zur aktiven Mitgestaltung des Unabwendbaren wecken? Ziel wäre, etwas einzuatmen vom Geist der Freiheit Jesu – sich nicht beherrschen zu lassen von dem, was übermächtig erscheint, sondern den Bewegungsspielraum der Liebe zu wahren, der sich gründet in der Liebe Gottes zu mir.
Von diesem Hintergrund seien als die wichtigsten theologischen *Stichworte* des Textes benannt: Vers 1 *»die Stunde«* – als die Stunde der Passion zugleich die Stunde der Wandlung zu neuer Lebendigkeit; *»verherrlichen«* – das Aufleuchten der Liebe Gottes vor dunklem Lebenshintergrund. Vers 3 *»ewiges Leben«* – die Geborgenheit in

einer Liebe, die stärker ist als der Tod, in einem Leben, das bleibt; *»erkennen«* – ein Verstehen und Erfaßtwerden von der Liebe Gottes, das den Blick für die Gestaltungsräume der Liebe im eigenen Leben öffnet. Vers 4: *»vollenden«* – bis zum letzten Atemzug dem Leben die Züge der Liebe einprägen. Vers 6: *»den Namen Gottes offenbaren«* – im Tun der Liebe Gott bezeugen und darin ein lebendiger Zeuge für die Anwesenheit Gottes in der Welt sein.

Vorschläge zur Liturgie

Kollektengebet
Jesus Christus,
wir gehen hinein in die Woche,
die uns deinem Leiden nahe bringt.
Erst umjubelt und dann fallengelassen,
erst stürmisch gefeiert und dann verstoßen:
so gehst du den Weg der Liebe.
Du hast Schmerzen erlitten,
damit unsere Tage erträglicher würden;
du hast Leid ertragen,
damit wir es nicht mehr allein tragen müssen
und von seiner Last erdrückt werden;
du bist einen bitteren Tod gestorben,
damit wir den Weg zum Leben finden.
So stehst du für uns ein bis zum Tode am Kreuz.
Laß auch unter uns die Macht deiner Liebe sichtbar werden. Amen.

Lesungen
Präfamen zur *Epistel* Philipper 2,5–11:
In Jesus will Gott uns nahe sein – aber anders, als wir denken. Der Weg an das Kreuz führt ihn hinein in unsere Ohnmacht und in unser Leiden, um uns von innen her – von Grund auf – zu heilen und zu retten. Damit ist ein neuer Maßstab der Liebe gesetzt.
Präfamen zum *Evangelium* Johannes 12,12–19:
Wie Jesus zu uns kommt, das macht er bei seinem Einzug in Jerusalem deutlich. Vom Volk umjubelt wählt er nicht den Weg der Macht, sondern geht den Weg der Liebe bis zum Ende. Keiner begreift ihn, weil dieser Weg in die Ohnmacht und ins Leiden führt. Aber von Ostern her wissen wir: es ist der einzige Weg, der wirklich etwas zu wandeln vermag.

Fürbittengebet
Jesus Christus,
du hast den Widerspruch
zwischen Jubel und Ablehnung,
zwischen Glanz und Elend

in deinem Leben und Leiden durchgehalten.
Doch in uns herrscht Zerrissenheit.
Wir fürchten das Leiden.
Wir versuchen ihm auszuweichen
und passen uns lieber herrschenden Meinungen an.
Du aber bist dir selbst
in deiner Liebe zu uns treu geblieben.

Darum bitten wir dich für alle,
die fasziniert sind von den Versprechungen der Macht,
daß sie sich nicht verführen lassen.

Wir bitten dich für alle,
die durch Vorurteile und Schwarzmalerei verhärtet sind,
daß ihre Herzen von deiner Liebe aufgetaut werden.

Wir bitten dich für die Einflußreichen und Mächtigen,
daß sie von deiner Ohnmacht lernen,
und für die Ohnmächtigen,
daß sie deine Macht erfahren.

Schenke uns deinen Geist,
den Geist deiner unwiderstehlichen Liebe,
daß wir im Blick auf dich leben können.

Mit deinen Worten beten wir zu Gott,
der die Liebe ist:

Vater unser im Himmel ...

Lieder
als Eingangslied: EKG (= EG 385) 256,1–5 »Mir nach, spricht Christus«
nach der Epistel: EKG (= EG 256) 221,1+5 »Einer ist's«
nach dem Evangelium: EKG (= EG 1) 6,1+3+5 »Macht hoch die Tür«
nach der Predigt: EKG (= EG 66) 53,1+2+8 »Jesus ist kommen«
als Alternative nach der Predigt:

1. Du hast zu Freud und Leben,
o Herr, uns ausgesandt.
Du willst das Heil uns geben
in einem jeden Land.
Doch wir sind voller Sorgen,
Wir machen uns viel Not.
Wir bangen um das Morgen,
wir sehn die Welt bedroht.

2. Inmitten großer Massen
sind einsam wir und leer.
Wir fühlen uns verlassen,
vergessen mehr und mehr.
Wir brauchen, Herr, den andern,
Geschwister an der Seit'.
Laß uns gemeinsam wandern,
zur Partnerschaft bereit.

3. Wir mühen uns um Klarheit
im bunten Rätselspiel.
Wir suchen, Herr, die Wahrheit,
der Meinungen sind viel.
Wir fragen nach den Wegen
zur Lebensmitte hin.
Du, Herr, mußt Antwort geben,
enthüllen Ziel und Sinn.

4. Die Welt sieht so viel Sterben,
viel Haß und Herzeleid.
Laß, Herr, sie nicht verderben,
beende Kampf und Streit.
Wir bitten, harren, hoffen:
wir sehnen uns nach dir.
Mach, Herr, die Grenzen offen,
schaff Frieden für und für.

5. Dein Wort hat uns geboten,
furchtlos, getrost zu sein,
Du rufst auch uns, als Boten
uns deinem Dienst zu weihn.
Wir wollen fröhlich wagen,
zu rühmen deine Treu.
Wir wollen dankbar sagen:
Gott macht das Leben neu.

Text: Kurt Szogs, Nienburg 1977, nach der Melodie EKG 49 = EG 71 »O König aller Ehren«

Vorschlag zur Predigt

Möglicher Anfang

Jesus geht einen schweren Gang. Heute, am Palmsonntag, jubelt man ihm noch zu. Doch in wenigen Tagen schon, am Karfreitag, geht er die letzten Schritte seines Lebens ans Kreuz.

Wir alle kennen die Ereignisse, die sich um dieses Geschehen ranken. Jedes Jahr, wenn wir in die Karwoche eintreten, gehen wir sie in unseren Gedanken mit.

Ein Mensch geht den Weg ans Kreuz. Sofort stehen uns die vielen Kreuze unserer Zeit vor Augen – die Kreuze auf den Kriegsfeldern Europas, die an Gewalttätigkeit und Brutalität erinnern, die Kreuze auf unseren Friedhöfen, die für Erfahrungen von Verlust und Trauer stehen, das Kreuz, an dem wir selbst zu tragen haben, wenn sich dunkle Schatten am Horizont unseres eigenen Lebens abzeichnen. Angesichts des Kreuzes und der Kreuze tun sich Abgründe auf: an Leid und Hilflosigkeit, an Traurigkeit und Ohnmacht, an Auflehnung und Zorn!

Auch für Jesus schlägt die Stunde, wo Tod und Abschied sich übermächtig ins Leben drängen. Während die Menge ihn noch mit jubelnden Hosianna-Rufen in den Toren Jerusalems feiert und Palmenzweige auf seinen Weg breitet, ballen sich die dunklen Wolken von Verschwörung und Zerstörung über ihm zusammen. So hauchdünn liegt das beieinander: die Woge der Begeisterung, die ihn dem Höhepunkt seines öffentlichen Ruhms entgegenzutragen scheint, und der Sturz in die Einsamheit, in das Leiden, in den Tod.

Gebannt und mit einem Hauch von Faszination schauen wir dabei zu, wie ein Mensch in den Strudel eines Schicksals gerät, dessen Sog ihn am Ende verschlingen wird. Und doch sind wir zugleich mitten drin und angerührt als Menschen, denen selbst einmal ihre Stunde schlagen wird oder bereits geschlagen hat, die miterleben und miterleiden müssen, wie anderen die Stunde schlägt, oder die bereits das Sterbeglöcklein der Zivilisation zu

hören meinen angesichts der Wundmale, die in unserer Zeit den Menschen und der Natur zugefügt werden. Läßt sich hier, am Schicksal des Einen, dem seine Stunde schlägt, Rettendes entdecken, was den Blick auf die dunklen Kreuze unserer Zeit verändert? Etwas, was aushalten, standhalten, durchhalten hilft und Lähmung überwindet?
Der Evangelist Johannes mutet uns im Predigttext des heutigen Sonntags Unerwartetes zu. Mitten in der Kette der turbulenten Ereignisse, die sich um die letzten Lebenstage Jesu ranken, hält er eine Zeitlang inne – so, als hielte die Geschichte für einen Augenblick den Atem an. Und er läßt uns einen Raum der Stille betreten, in dem wir zu einsamen Zeugen eines Zwiegesprächs werden. Jesus betet zu Gott – auf der Schwelle zwischen Leben und Tod ...
(Verlesung des Predigttextes Johannes 17,1–8)
Haben wir das erwartet? Was sind das für seltsame Worte angesichts des Todes? »Verherrlichung«, »Offenbarung«, »Bewahrung«, »Sendung«, »Gemeinschaft« – Das klingt nicht nur eigentümlich und fremd. Da kann der Eindruck aufkommen, hier würden die Dinge geradezu auf den Kopf gestellt. »Verherrlichung« und Tod – wie paßt das zusammen?
(An dieser Stelle ließen sich die Irritationen aus den vorangestellten »Annäherungen« benennen und bearbeiten.)
Vielleicht ist dies das Erregendste an dem Augenblick, wo Johannes den Vorhang öffnet und uns einen Blick tun läßt in das Herz Jesu: die innere Freiheit, mit der er vom Tod spricht – nicht von Ängsten beherrscht angesichts dessen, was auf ihn zukommt, sondern aus dem Vertrauen heraus, daß auch auf dunkelsten Wegen noch etwas von Gottes Herrlichkeit aufleuchten kann.

Zum weiteren Verlauf

1. Der Weg der Freiheit führt in die Stille
An der Gestalt Jesu entdeckt Johannes: das Geheimnis der inneren Freiheit Jesu enthüllt sich in der Stille – dort, wo alles Äußere um ihn versinkt im Gebet, in der Zwiesprache mit Gott. Wo nur noch der Herzschlag des eigenen Lebens hörbar ist, da hört er Gottes Herz schlagen – das Herz eines »Vaters«, dessen Liebe seiner ganzen Schöpfung innewohnt. Indem wir Jesu Worten zuhören, wird uns bewußt, wie tief sein Vertrauen in diesem Gefühl unmittelbarer und persönlicher Liebe Gottes wurzelt. Wo er aus diesem Vertrauen heraus als »Liebhaber des Lebens« redet und handelt (Beispiele: die »Ich bin«-Worte und Zeichenhandlungen Jesu im Johannesevangelium), da leuchtet etwas von Gottes Liebe auf, da »verherrlicht« er Gott. Wo er unter den Menschen die Liebe zum Schwingen bringt, da beginnt Gott selbst mitzuschwingen als der Urklang der Liebe in der Welt; da werden Töne »ewigen Lebens« angerührt und hörbar, die auch über Tod und Abschied hinaus weiterklingen.

2. Der Weg der Stille führt in die Freiheit

Die »Logik der Liebe« ist eine »Logik des Herzens«. Im Hören auf den Herzschlag Gottes im Herzschlag des eigenen Herzens erleben wir an Jesus, wie ihm zur inneren Gewißheit wird: Überall, wo Gott in der Liebe »verherrlicht« wird, da »verherrlicht« er auch sich selbst an den Liebenden, indem er vollendet und weiterträgt, was Liebende tun – über den individuell begrenzten Horizont des einzelnen Lebens hinaus. Die lähmende Angst vor dem Ende kann darum von mir abfallen. Ich bin frei zu tun, was mir die Stimme der Liebe gebietet – hier, jetzt, bis zuletzt. Aus dem Geist der Liebe atmen, heißt: den Geist der Freiheit atmen, der sich nicht einschüchtern und beherrschen läßt von den Drohgebärden des Todes.

3. Die Freiheit zur Liebe als die »Macht in der Ohnmacht«

Der schwere Weg Jesu ans Kreuz scheint äußerlich gesehen wie der ohnmächtige Weg eines Menschen, der zum Spielball von Mächtigen geworden ist – gedemütigt durch ein bitteres Ende, das stumm macht und starr vor den Abgründen des Todes und der menschlichen Herzen.

Trotzdem – das werden wir spüren, wenn wir in den nächsten Tagen bis zum Karfreitag diesen Weg Jesu mitgehen – atmet in all dem, was geschieht, ein anderer Geist. Kein Erstarren, kein Verstummen angesichts einschüchternder Machtposen und entfesseltem Volkssturm. Im Gegenteil. Die hier meinen, sie hätten die Macht zu handeln, erscheinen wie die Ohnmächtigen, getrieben von dunklen Gewaltinstinkten, gefangen in politischen Sachzwängen, verstrickt in tödliche Handlungsmuster, denen sie am Ende selbst nicht mehr entrinnen können – es sei denn, um den Preis und das Opfer menschlichen Lebens. Viele Parallelen zur heutigen Situation drängen sich dabei auf …

In all dem erscheint uns der, der da am Ende gekreuzigt wird, als der einzige, der nicht mitgerissen wird vom Strom der Ereignisse. An keiner Stelle läßt er sich das Gesetz des Handelns aus der Hand nehmen. Wo er ist, da wird der scheinbar Große klein, da wird die Machtgebärde entzaubert, da wird Volkesstimme zur hohlen Phrase – da rührt er in den wenigen Worten und Gesten, die ihm noch bleiben, an Empfindungen von Liebe und Mitleid, von Zuwendung und Vertrauen. Und rettet darin auf unsterbliche Weise für uns alle das Bild vom Menschen als eines von Gott geliebten und dadurch zur Liebe befreiten Geschöpfes – bis heute.

Möglicher Predigtschluß

Es ist viel zu tun, um unserer Welt ein Stück Liebe abzuringen und Menschen aus ihren Verhärtungen zu lösen! Warum nicht heute damit beginnen, ganz im Kleinen, bei mir selbst oder bei einem Menschen neben mir? In der Tiefe unseres Herzens warten wir alle darauf, daß einer kommt, der unser Herz anrührt, uns aufschließt und zur Liebe erweckt! Eine Christin aus der früheren DDR soll einmal gesagt haben: »Wenn ich so viel Liebe hätte, wie ich Angst habe, wäre ich unüberwindlich!« Damit hat sie das Geheimnis Jesu begriffen. Daß seine Liebe die Angst überwindet, das macht ihn unüberwindlich – und unwiderstehlich! Amen.

Kontexte

Erich Fried

Bevor ich sterbe

Nocheinmal sprechen
von der Wärme des Lebens
damit doch einige wissen:
Es ist nicht warm
aber es könnte warm sein

Bevor ich sterbe
nocheinmal sprechen
von Liebe
damit doch einige sagen:
Das gab es
das muß es geben

Nocheinmal sprechen
vom Glück der Hoffnung auf Glück
damit doch einige fragen:
Was war das
wann kommt es wieder?
(aus: »Gründe« Gesammelte Gedichte, Verlag Klaus Wagenbach, Berlin 1989)

Johannes Gillhoff

Am Sterbebett der Mutter

Als aber der Tag zu Ende war, da kam ein anderer, und das war der letzte ... Als die Arbeit fertig war und es schon schummerte, da saß ich wieder an ihrem Bett und hielt ihre Hand, und der Puls ging ganz schnell. Lange Zeit saßen wir da. Es war ganz feierlich wie in der Kirche, wenn vorn auf dem Altar die beiden Lichter brennen, weil Abendmahl ist. Ja, daran dachte ich, als ich in ihre Augen sah. Es waren sonst ganz gewöhnliche blaue Augen; aber an dem Tag ging ein Schein von ihnen aus, den sah ich sonst nicht in dieser Welt. Aber nun sah ich ihn mit meiner Seele ... Dann drehte sie den Kopf so'n bißchen nach links rum, als wenn da wer kommen tat. Und da ist auch einer gekommen; den habe ich nicht mit meinen Augen gesehen und nicht mit meinen Ohren gehört. Der hat sie bei der Hand genommen, und da ist ihre Seele ganz leise mitgegangen, richtig so, als wenn man aus einer Stube in die andre geht. So ist sie nach Hause gegangen, als wenn ein müdes Kind abends nach Hause geht.

...

Meine Mutter war eine Taglöhnerfrau. Aber wenn ich an ihr Sterben denke, dann ist immer etwas Feines und Stilles und Schönes in meinem Herzen, das vorher nicht da war. Aufschreiben kann ich das nicht, und sagen läßt sich das auch nicht. Aber draußen

auf dem Felde muß ich manchmal mitten im Pflügen stillhalten und in mich hineinhorchen. Dann kann ich das richtig in mir hören, was meine alte Mutter zuletzt gesagt hat. Ja, so ist es: Ich höre meiner Mutter Stimme in mir selbst. Und dann ist mir richtig wie am Feiertag. Dann ist mir, als wenn da der Vorhang vom Heiligtum ein wenig aufgezogen wird, daß man da so'n bißchen durchsehen kann ...
(aus: »Jürnjakob Swehn, der Amerikafahrer« Berlin o.J.)

Gründonnerstag

Annäherungen an den Predigttext 2. Mose 12,1.3+4.6+7.11–14

Jobst von Stuckrad-Barre

Ein Einzelgespräch und eine Predigtvorbereitung liegen den im folgenden wiedergegebenen Äußerungen zugrunde.

Erste Reaktionen reichen von der Feststellung: »Verblüffend ist die überzeugende Selbstverständlichkeit, mit der der Satz aufgenommen wird: ›Der Herr sprach‹« bis zu der ambivalenten Äußerung: »Wir können das (sc. Ganze) ja nur mit christlichen Augen sehen.« Die ganz präzisen Anweisungen an Mose und Aaron halten einige der Gesprächspartner für heute nicht mehr passend, während andere den Zusammenhang zwischen Opfer und Befreiung wahrnehmen und für wegbahnend erklären. Schwierigkeiten macht natürlich auch die Auswahl, doch entsteht rasch ein Gespür dafür, warum diese Verse herausgenommen wurden. Daß dieses Verfahren nicht unproblematisch ist und der Spiritualisierung Vorschub leistet, wird schnell sichtbar.

Die Aufbruchssituation ist zunächst fremd, wird aber durch die konkrete Beschreibung, gemeinsam das ganze Lamm aufzuessen, notfalls Nachbarn einzuladen, rasch vorstellbar; es geht um die Konstituierung der Gemeinde. Hier spätestens ist der Bezug auf das Abendmahl und den Gründonnerstag übermächtig – darum wird das Geschehen akzeptiert, doch waren nicht zu überhören die Äußerungen des Ekels und des Widerspruchs: »Unangenehm.« »Unästhetischer Schrecken der Schlachtung « – und dies von Teilnehmern, die durchaus als junge Leute so etwas zu Haus miterlebt oder selbst gemacht hatten. Erinnerungen an den Kindergottesdienst drangen durch, in dem diese Erzählung selbstverständlich das Blut einbezog, teilweise aber auch den Schrecken in feiner Form verpackte. Wenn Tötung der Erstgeburt, dann auch von Menschen. In den sich hier zeigenden Riten könne kein freier großzügiger Gottesgedanke liegen, eher das, was anderswo Aberglaube genannt werde.

Information wird an diesem Punkt nötig zur Zeichnung der Häuser mit Blut und über die Ablösung des Menschen- durch das Tieropfer, zum Thema Strafe (wieso leiden *die* Ägypter unter dem Tun ihres Pharao oder seiner Großen/Götter?) im Handeln Gottes. Wieder kommt das NT in den Blick:

daß immer wieder ein Sündenbock gebraucht wird – daß zuletzt Gott seinen Sohn opfert, läßt am Menschen zweifeln; man dürfe nicht überheblich von sich denken, das Kreuz stehe im Mittelpunkt, wurde mit Blick auf Bonhoeffer-Äußerungen überlegt. Und: Von der Kreuzigung an braucht keiner mehr Opfer von Menschen ...
Die eingehende Beschreibung des Ritus vom Aufbruch erinnert daran, daß es wohl um diese Aufbruchsbereitschaft geht, die das jüdische Volk gelernt habe durch all die Jahrhunderte. Dadurch und durch die nun erst richtig folgende Schilderung des Schreckens werden Internalisierung und Aktualisierung freigesetzt: Passa als die innere Bereitschaft loszugehen; Befreiung als Urerfahrung. Die furchtbare Erfahrung des Mordens – daß das Böse zum Leben gehöre wie das Positive, eins offenbar nicht ohne das andere (und nicht ohne Gott ...)? Über all der Schreckensbeschreibung dürfe der Sinn des nächtlichen Rituals, die Befreiung, nicht untergehen. Asylbewerber heute seien doch auch durch Gottes Führung entkommen und fänden hier hoffentlich Leute, die bereit seien zur Hilfe. Wir dürften nicht vergessen, daß die Israeliten (Schutzzeichen!) auserwählt seien. Gegen Gewalt, zu ihrer Begrenzung ist zu sprechen. Konsequenzen aus dem »Fest für den Herrn«!
Im Blick auf die in diesem Text- und Gottesdienstzusammenhang besonders nötigen Reflexion des Verhältnisses AT/NT wird erinnert an die bleibende Bedeutung des Ritus, der für uns aufgeht im Abendmahl: Jesus hat es gefeiert, wie wir es heute auch tun und Juden auf ihre Weise. Präsenz wie Aufbruch, Befreiung und Vergebung erfordern Gestaltung und eine Bearbeitung der widersprüchlichen Praxis.
Resumé: Gott teilt durch Mose und Aaron direkt seinen Willen mit, das Volk zu befreien und zu leiten; notwendige Vorbereitungen, damit es sich einläßt auf das, was Gott mit ihm will. Insgesamt eine Vor-Geschichte: Regelungen und Erinnerungen, die uns heute im einzelnen nicht mehr wichtig, sogar fremd seien, wohl aber in unserm Abendmahl aufgehoben und die die Unbedingtheit in Gottes Tun schildern.

Zum Gottesdienst

Klaus Johanning

Theologisch-homiletische Skizze

Es fällt mir nicht leicht, ausgerechnet am Gründonnerstag über diesen Text zu predigen.
Die »Verwendung« der Passah-Geschichte am »Tag der Einsetzung des Heiligen Abendmahls« provoziert, wie man an den »Annäherungen« erkennt, eine zwar viel-

fach übliche, aber dennoch nicht textgemäße dogmatische Funktionalisierung der alttestamentlichen Worte zur »Vorgeschichte«.
Man wird diesem Text nicht gerecht, liest man ihn als Hinführung zum Abendmahl. Abendmahl wie Passah-Mahl tragen für die christliche und die jüdische Gemeinde ihren Wert in sich selbst; sie sind einander nicht qualitativ über- oder untergeordnet. Das schließt allerdings nicht aus, daß es Parallelen zwischen beiden gibt. Da ist zunächst einmal der in den »Annäherungen« ausführlich behandelte Begriff des Opfers.
Die Schlachtung des Passahlammes mag in unseren Augen archaisch wirken; vor einer Ästhetisierung des im Abendmahl enthaltenen Opfergedankens sollten wir uns dennoch hüten. Was besagen schließlich die Worte »Nehmt hin und eßt; dies ist mein Leib«, nimmt man sie wörtlich? Und, nicht zuletzt: Welche Abgründe tun sich auf, betrachtet man die Strophen einiger Passionslieder: »Wenn endlich ich soll treten ein in deines Reiches Freuden, so soll dein Blut mein Purpur sein, ich will mich darein kleiden ...« – Paul Gerhardt schrieb diese Zeilen (EKG 62, Vers 8), ein Beispiel von vielen.
An diesem Punkt stellt sich eine weitere Frage: Sind wir menschlicher geworden, weil unser Ritus weniger archaisch und unser Sprachgebrauch ästhetischer ist?
»Von der Kreuzigung an braucht keiner mehr Opfer von Menschen ...«, heißt es doppeldeutig in den »Annäherungen«. Wir brauchen also nicht mehr zu opfern, und wir brauchen uns nicht mehr zum Opfer zu machen.
Trotzdem ist unsere Welt voller Opfer. Unsere Sprache kennt die »Opfer des Fortschritts«, die »Bürgerkriegsopfer«, die »Verkehrsopfer« usw. – feste Begriffe für den immer wiederkehrenden Schrecken.
Gott ist auf Seiten der Opfer, das bezeugen Passah und Gründonnerstag auf je ihre Weise. Er läßt die Sklaven nicht in der Knechtschaft umkommen. Weder die Sklaven der Schuld, noch die Sklaven der Mächtigen und Reichen dieser Erde. Es ist ein besonderer Verdienst der Passahgeschichte und ihres archaisch anmutenden Realismus, daß sie uns vor einer Spiritualisierung der Begriffe »Schuld« und »Befreiung« bewahrt.
Gott befreit nicht nur von einer abstrakt theologisch definierten »Schuld« – er weist ganz real und handgreiflich den Weg aus der Knechtschaft. Dieser Weg aber ist schmerzhaft, und das nicht allein für die Unterdrücker, wie sich am weiteren Verlauf der Geschichte vom Exodus ablesen läßt. Wohl dem, der ihn nicht mit leerem Magen antritt!
Der Gewinn der Freiheit bedeutet – gut evangelisch – einen Verlust an Sicherheit. Wo festgefügte und oft auch bequeme Strukturen zwischen Täter und Opfer angeprangert und infragegestellt werden, beginnt eine schwierige Wanderung, die nicht selten in Wüsten aus Ratlosigkeit und Resignation führt. Wer ist beispielsweise ein »Täter«? Unsere Gesellschaft gefällt sich in Schuldzuweisungen. Kaum ein Interview zu aktuellen Problemen wie Ausländerhaß, Rezession oder Wohnungsnot mit »Menschen wie du und ich« vergeht im Sommer '93, ohne daß der Satz fällt: »Die Politiker sollen endlich einmal ...«. In der Tat: Verantwortung wird »nach oben hin« immer größer, trotzdem beginnt sie »unten«.
Noch eine Parallele zwischen Passah und Abendmahl erscheint mir für eine Predigt zum Gründonnerstag wichtig: Beide versammeln Menschen um einen Tisch, für die ein alter Lebensabschnitt endet und ein neuer beginnt. Das Passah steht am Anfang der Geschichte vom »wandernden Gottesvolk«. Das Abendmahl ist sichtbarer Ausdruck der »Gemeinschaft mit Christus«. Und »ist jemand in Christus, so ist er eine neue Kreatur; das Alte ist vergangen, siehe, Neues ist geworden«« (2. Korinther 5,17)

Jede der beiden Mahlgemeinschaften ist Einladung zu einer Zukunft, die unter gänzlich anderen Vorzeichen steht – Antwort auf eine »Sehnsucht, die an die Welt pocht« ... (vgl. den »Kontext« von Else Lasker-Schüler).
Ich fühle mich an wichtige Tischgemeinschaften aus dem täglichen Leben erinnert: wenn im »Familienrat« schwerwiegende Entscheidungen zu fällen sind; wenn jemand die »große Liebe« zum ersten Mal in ein Restaurant einlädt; wenn nach einer Beerdigung die Angehörigen bei Kaffee und Kuchen sitzen. Jedesmal geht es darum, die Zukunft zu gestalten als Familie, Paar oder Gemeinschaft der Hinterbliebenen.
Im Passah wie im Abendmahl ist allerdings nicht der Mensch die für das Kommende ordnende Kraft, sondern Gott, der zu neuem Leben beruft.
Damit dies geschehen kann, bedarf es der Erinnerung, die in jeder jüdischen oder christlichen Wiederholung der Mahlgemeinschaft geschieht.
Opfer, Erinnerung und Zukunft – um diese drei Punkte soll die Predigt kreisen.

Vorschläge zur Liturgie

Grundsätzliches: Der Gründonnerstags-Gottesdienst findet in der Regel am Abend statt. Die Teilnehmenden haben vielfach tagsüber noch für das »lange Wochenende« Besorgungen gemacht und vorbereitet. Jetzt kommen sie allmählich zur Ruhe und stellen sich auf die Osterfeiertage ein.
Der liturgische Rahmen sollte dieser Grundstimmung durch *meditative Elemente* Rechnung tragen.

Das biblische *Votum* Psalm 111,4 nimmt den Gedanken der Erinnerung auf und paßt daher gut zum Inhalt des Gottesdienstes.
Psalm 111 ist außerdem agendarischer Eingangspsalm.

Als *Lesung* nehme ich im Zusammenhang mit diesem Predigttext nicht das vorgeschlagene Evangelium Johannes 13. Die Geschichte von der Fußwaschung ist nicht nur in redaktioneller Hinsicht kompliziert. Sie sprengt mit ihrer anders gelagerten Intention auch den gottesdienstlichen Rahmen. Wenn die Predigt von Passah und Abendmahl handelt, sollte ein *Abendmahlstext* in der Lesung zu Worte kommen.
Das kann der Episteltext sein (1. Korinther 11,23–26) oder auch die Abendmahlsgeschichte Markus 14,17–26.

Gebet vor der Predigt
Laß uns im Leid, Herr, an dein Leiden denken – und dein Sterben über allem Sterben sehen ... Nimm uns hinein in dein Leben, daß wir stark werden, durchzuhalten in Geduld, in Hoffnung und Vertrauen ... Du bist bei uns, du hast überwunden – und lebst in Ewigkeit. Amen.
(In: G. Hopfer, ... und gibst meiner Seele große Kraft, Konstanz, 2. Aufl. 1989, S. 69)

Folgende *Meditation* eignet sich als Einstimmung zum Abendmahl:

Gott teilt sich mit – er wird Mensch
Er wird Jude – er wird Palästinenser
Er wird zerteilt
So kommt er unter die Menschen.

Unter Menschen lebt er, leidet er
stirbt er, lebt er, heute und morgen.

Die einen hoffen, was die anderen fürchten
daß er nicht nur sich selbst mitteilt
sondern daß er alles teilt, was er hat:
Frieden
Gerechtigkeit
Freiheit
Liebe.

Er teilt mit mir
mit dem letzten Menschen seine Würde
Jeder trägt sein Bild, jeder ist sein Bild
In Kwangju und Kabul,
in Soweto und San Salvador,
in Stuttgart und Ich-weiß-nicht-wo.

Er opfert
seinen Frieden, seine Gerechtigkeit
seine Freiheit, seine Liebe
den Menschen auf der Erde
allen zum Wohlgefallen.

Er vergißt nicht, Gutes zu tun.

Er verändert Menschen und Verhältnisse
die Unfrieden und Unrecht
die Unfreiheit und Lieblosigkeit
mitsamt ihrer expansiven Verwandtschaft
schaffen, dulden, verharmlosen.

Er teilt mit mir – er teilt sich mir mit
Er teilt durch mich anderen mit
was der Teilung und Mitteilung wert ist.

(Martin Stöhr, Gott teilt sich mit, in: Beten, Texte zum Mitdenken und Nachsprechen, hg. vom Landesjugendpfarramt der Ev.-luth. Landeskirche Hannovers, Hermannsburg, ohne Jahresangabe, S. 159f.)

Fürbittengebet

Liturgin/Liturg: Herr Jesus Christus, in einer dunklen Stunde hast du von der Gabe des Friedens gesprochen.
Wir erbitten die Gabe für uns selbst, damit wir innere Gelassenheit bekommen und fähig werden, deinen Frieden in die Welt zu tragen, die vom Streit zerrissen ist.
Gib Frieden, Herr, in unserer Zeit.
Gemeinde: Hilf uns, im Frieden zu leben.

L: Wir beten für die, die Ungerechtigkeit bekämpfen, deren ständiger Begleiter der Tod ist, deren nervliche und körperliche Belastungen unerträglich geworden sind ...
Gib Frieden, Herr, in unserer Zeit.
G: Hilf uns, im Frieden zu leben.

L: Wir beten für alle, die unter den Folgen des Krieges leiden, die weinen oder nicht mehr weinen können, die Angst fühlen oder jegliches Gefühl verloren haben.
Gib Frieden, Herr, in unserer Zeit.
G: Hilf uns, im Frieden zu leben.

L: Jesus Christus, stehe für uns ein an jedem Tag dieses unruhigen Lebens, bis die Schatten lang werden und der Abend naht, die rastlose Welt zur Ruhe gekommen und unser Werk getan ist.
Gib Frieden, Herr, in unserer Zeit.
G: Hilf uns, im Frieden zu leben.
L: Jesus Christus, wir hoffen auf dich, denn du allein bist unser Friede jetzt und in Ewigkeit. Amen.
(Frei formuliert nach: Erneuerte Agende, Vorentwurf, hg. von der VELKD und der EKU, Bielefeld 1990, S. 545f.)

Lieder

Aus »Mein Liederbuch, Teil II, Oekumene heute, tvd-Verlag Düsseldorf«: Nr. B 128, Geht in die Nacht; Nr. B 162, Er ist das Brot, er ist der Wein, steht auf und eßt. Der Weg ist weit (Auch enthalten in: Singt und dankt, s.u., unter Nr. 671); Nr. B 230, Wenn das Brot, das wir teilen, als Rose blüht;
Aus »Singt und dankt«, Beiheft '84 zum Evangelischen Kirchengesangbuch, Kassel 1984: Nr. 618, Nun ziehen wir die Straße, die unser Herr gegangen;
Aus dem EKG: Nr. 161, Das Wort geht von dem Vater aus (agendarisch); Nr. 227, Nun laßt uns Gott, dem Herren; Nr. 491, Der Tag ist um, die Nacht kehrt wieder.

Vorschläge zur Predigt

Vorschlag zum Einstieg

Liebe Schwestern und Brüder! Wie oft sitzen wir mit anderen zusammen am Tisch, essen und trinken. Meistens geschieht das sehr flüchtig, ohne daß man einander noch wahrnimmt – wenn man weiß: »Gleich hast du einen wichtigen Termin oder »du mußt noch dieses und jenes erledigen«. Vor allem vor den Feiertagen ist die Hektik ja besonders groß.

Es gibt allerdings auch Mahlzeiten, die sind mehr als Essen und Trinken. Da werden Worte gesagt, die vielleicht große Bedeutung für die Zukunft haben oder Dinge »verdaut«, die geschehen sind oder geschehen werden.

Manchmal ist es leichter, bei Essen und Trinken zusammenzukommen. Und manchen Aufbruch sollte man nicht mit leerem Magen riskieren.

Unser Predigttext aus dem 12. Kapitel des zweiten Buches Mose beschreibt so eine wichtige Tischgemeinschaft. Es ist die Geschichte vom Passahmahl, das das Volk der Israeliten zu sich nahm, bevor es aus der ägyptischen Gefangenschaft in die Freiheit zog: *Predigttext.*

Mittelteil

Sie werden das Passahlamm nicht ohne ein Rumoren in der Magengrube gegessen haben, die Israeliten. Aufbruchsbereit sollten sie sein, Reiseschuhe an den Füßen und den Wanderstab in der Hand. Und während sie essen, geht draußen bei den Ägyptern der Gotteszorn um und schlägt die Erstgeburt an Menschen und Vieh. Allein das Blut an den Türpfosten schützt vor dem Verhängnis. Ein düsteres Mahl! Ein Bild aus einer fremden Welt, voller Regeln, die uns unvorstellbar sind.

Wie vertraut wirkt dagegen das Abendmahl, das wir auch heute wieder feiern, ohne Blut, das vergossen wird, ohne die Hektik des Aufbruchs, kurz: mit dem angemessenen gottesdienstlichen Ernst, in Ruhe und Würde.

Dabei ist der Hintergrund unseres Abendmahls nicht minder aufregend: Der Schrecken des nahen Todes zeichnet Jesus, als er am Vorabend des jüdischen Passahfestes zum letzten Mal mit seinen Jüngern bei Tische sitzt. Am Vorabend jenes Festes, das an den Auszug aus Ägypten erinnert. Nie wieder werden sie so zusammenkommen. Ihr Leben wird sich in kurzer Zeit entscheidend ändern. Ein Verräter geht um und schmiedet draußen in der Nacht finstere Pläne.

Jesus aber reicht den Tischgenossen Brot und Wein mit den Worten: »Dies ist mein Leib ... dies ist mein Blut ...«. Kein Passahlamm wird geopfert, keine Erstgeburt getötet. Einer allein wird sterben, einer für alle.

In einer friedlosen Zeit geht er den Weg zum Kreuz. So bitter das ist: Es scheint so, als brauche die Welt ihre Opfer, um leben zu können ...

Die Jünger werden das Erlebnis dieser Tischgemeinschaft in die Welt weitertragen, so wie die jüdische Gemeinde bis zum heutigen Tag einmal im Jahr das Passahlamm ißt. Zukunft, wenn sie wirklich neu gestaltet werden soll, braucht die Erinnerung. Auch Gottes Zukunft mit uns ...

Schluß

Wenn wir gleich miteinander das Abendmahl feiern, dann geschieht das – wie bei den Israeliten in der Passahgeschichte – als ein Stück Erinnerung und als Anfang eines Aufbruches. Wir haben zwar nicht unsere Reisekleidung an und sitzen auf gepackten Koffern, aber wir werden nach diesem Essen und Trinken andere sein, als wir jetzt noch sind.
Die Tischgemeinschaft Jesu lädt uns ein, unser Leben in Gottes Hand zu legen. Sie erinnert uns daran, wem wir gehören: nicht den Mächten der Welt, die uns in mancherlei Zwängen gefangen halten, sondern dem, der uns hinausführen und befreien will.
Zu seinem Gedächtnis und für unsere Zukunft essen wir das Brot und trinken den Wein.
Möge uns das stärken für den Weg, der vor uns liegt, den Weg mit ihm. Amen.

Kontexte

Die Zukunft trägt uns alles Vergangene nach, und doch bleiben wir hinter ihr zurück.
(Elazar Benyoetz, Für- und Gegenwart, Kreuzlingen 1984)

Es ist ein Weinen in der Welt,
Als ob der liebe Gott gestorben wär,
Und der bleierne Schatten, der niederfällt,
Lastet grabesschwer.

Komm, wir wollen uns näher verbergen …
Das Leben liegt in aller Herzen
Wie in Särgen.

Du! Wir wollen uns tief küssen –
Es pocht eine Sehnsucht an die Welt,
An der wir sterben müssen.
(Else Lasker-Schüler, Sämtliche Gedichte. 5. Aufl. 1991. Kösel-Verlag, München)

Ach! Könntet ihr doch Leben vom Duft der Erde und euch nähren am Licht, gleich einem Luftgewächse! Aber da ihr gezwungen seid zu töten, um zu essen, und zu rauben dem Neugeborenen seiner Mutter Milch, um euren Durst zu stillen,
so macht aus dem Zwang einen Akt der Verehrung.
Und euer Tisch sei ein Altar, auf dem das Reine und Unschuldige aus Wald und Flur geopfert werde für das, was im Menschen noch reiner und unschuldiger ist.
(Khalil Gibran)

Karfreitag

Annäherungen an den Predigttext Matthäus 27,33–54

Heidi Kell

Im Bibelgesprächskreis, einer über die Jahre miteinander vertrauten Runde, in der das Thema Krankheit und Tod sehr präsent ist. Gesprächsimpuls von mir: »An welcher Stelle, an welchem Satz bleiben Sie hängen?«

Frau A.: Ach so, der Text ist ja an sich bekannt, der wird ja immer gelesen.

Herr B.: Dieser Satz: »Mein Gott, mein Gott, warum hast du mich verlassen.« Das ist doch erschütternd!

Frau C.: Das ist wohl der am häufigsten gesprochene Satz von Menschen. Früher im Krankenhaus, wenn die starben, dann haben die das immer gesagt.

Herr B.: Erschütternd, daß selbst Jesus, der sich so einig war mit Gott, sich doch so verlassen gefühlt hat! Man dachte doch, er ginge einen vorgezeichneten Weg!

ich: Für mich ist das im letzten Jahr, durch einen Todesfall, auch wieder fraglich geworden: Warum »mußte« Jesus diesen Weg gehen? Warum hat er die Hilfsangebote, z.B. von Pilatus, ausgeschlagen?

Frau D.: Ja – darf man das fragen? Es sollte doch so sein von Gott her, daß Jesus praktisch für unsere Sünden stirbt. Wenn man das nun noch hinterfragt, dann bricht bei mir alles zusammen.

Frau E.: Ja, aber das ist doch auch ein Trost, daß selbst Jesus in so eine Situation kommt, daß er so redet. Das heißt doch, daß wir als Christen auch frei sind, so zu fühlen oder sowas zu sagen!

ich: weise darauf hin, daß auch der 22. Psalm mit dem Ruf »Mein Gott, mein Gott, warum hast du mich verlassen« beginnt und in Vers 22 umschlägt in die Vertrauensaussage: »Herr, du hast mich erhört!« Dennoch: Jesus hat diesen Psalm gebetet!

Frau D.: Aber Gott hat das dann ja um so deutlicher zurechtgerückt! Der Vorhang im Tempel zerreißt und die Toten kommen aus den Gräbern. Aber daß die Menschen immer erst solche starken

Zeichen brauchen! – Obwohl – manchmal wünsch' ich mir auch ein so deutliches Zeichen von Gott.

ich: Ja, die Zeichen sind gewaltig, da gehen schließlich Auferstandene durch die Stadt. Aber es wird gar keine Reaktion von den Leuten berichtet. Entweder sind auch diese Zeichen nicht gewaltig genug, oder es hat Matthäus nicht interessiert.

Herr F.: Nun berichtet der ja auch viel später, da ist vielleicht manches verlorengegangen. Manchmal sucht man Zeichen ja auch erst im Nachhinein, z.B. wenn jemand gestorben ist, heißt es oft: Das war doch auch der Todestag von X oder der Geburtstag von Y.

Herr B.: Dieser Satz: »Anderen hat er geholfen, aber sich selbst kann er nicht helfen ...« (Vers 42) macht mir nochmal deutlich, daß die Leute ja gar nicht damit gerechnet haben, daß Gottes Sohn sterben könnte! Deshalb sind sie vorbeigegangen. Sie dachten ja wohl, er würde da 'runtersteigen.

Herr F.: Ja, und für mich ist Jesus gerade deshalb Gottes Sohn, weil er das nicht konnte, weil er ganz Mensch gewesen ist und weil er den Tod, der uns ja alle erwartet, auch durchlebt hat. Das rückt ihn uns richtig nahe. Und an die ganze Sühnegeschichte von Paulus denke ich dabei noch gar nicht!

Frau G.: Ja, das finde ich auch gut, daß hier auch das Schreien und alle Gefühle vorkommen, die ein Mensch dann so hat. Und wenn es dann (Vers 50) heißt: »Aber Jesus schrie nocheinmal laut auf und starb«, dann hat Gott doch Erbarmen gehabt und doch geantwortet.

ich: Wie in Psalm 22: »Herr, du hast mich erhört!«

Herr B.: Wie lange dauert das eigentlich, bis jemand am Kreuz dann tot ist? (Es folgen weitere Überlegungen zur Kreuzigung: Haben sie ihn wirklich angenagelt? Wo steht das eigentlich im Luthertext? Alle erzählen von Kreuzesdarstellungen, die sie kennen.)

Frau C.: Mich beschäftigt das Bild von den offenen Gräbern noch. Wie haben wir uns das eigentlich vorzustellen, das ewige Leben? Sehen wir uns da alle wieder?

Herr F.: Sie meinen, auch die, die man nicht sehen will?

Frau C.: Nein, ich meine, darf man überhaupt wieder heiraten, wenn nun der Ehemann gestorben ist? Denn wenn man sich dann wiedersieht, das wäre doch nicht schön!

Frau G.: Nein, dann ist alles Liebe. Da gibt es keine Eifersucht und keinen Neid.

Frau D.: In der Offenbarung steht ja auch, daß da keine Tränen und keine Schmerzen mehr sein werden. Man hat ausgesorgt.

Frau C.: Die Kinder sagen immer: Wir brauchen (dem verstorbenen) Papi gar nicht erzählen, was wir angestellt haben, der weiß das doch sowieso jetzt alles. – Vielleicht haben die Menschen im

Tod eine größere Nähe zu den Angehörigen als im Leben? Alles ist bekannt, anders als im Leben, wo das nicht immer gesagt werden kann.

ich: Ich stelle mir das auch so vor – daß ich dann endlich ganz gesehen werde, während im Leben manche Seiten von mir unerkannt bleiben. Das ist auch eine Form von Erlösung.

Frau C.: Ja, ob die Toten von oben auf uns herabsehen?

ich: Auf jeden Fall stimmt es umgekehrt: Unsere Verbindung zu unseren Toten ist ja etwas ganz Starkes, bis dahin, daß manche sich mit ihnen unterhalten.

Herr B.: Ja, die Toten sind ganz lebendig. Ich muß, was ich lebe, mal salopp gesagt, auch vor meiner Sippe vertreten, auch vor den Toten, die ja mein Leben mitgeprägt haben. Sonst bin ich mit mir nicht im Reinen. Insofern reden die Toten mit und sind sehr lebendig!

Zum Gottesdienst

Dirk Keller

Theologisch-homiletische Skizze

Nur wer bis ans Kreuz mitgeht und sich der Brutalität und Schamlosigkeit auf Golgatha aussetzt, findet sich drei Tage danach ins Geheimnis der Auferstehung ein. »Man sollte sich deshalb nicht damit aufhalten, die Historizität dieses Berichtes am Detail beweisen zu wollen«, meint Luise Schottroff zu Recht, denn der Text drücke »ein tiefes Entsetzen darüber aus, was Menschen Menschen an Gemeinheit und Brutalität anzutun in der Lage seien (Luise Schottroff in GOTTESDIENSTPRAXIS, Ergänzungsband Exegesen, V. Perikopenreihe, Gütersloh 1982, S. 77).
Es kommt deshalb in jeder Passage des Gottesdienstes darauf an, die erschütternden Ereignisse an Karfreitag sorgfältig transparent zu machen. Keine frühe theologische Deutung und »Verzweckung« darf die Dramatik des Tages entschärfen. Keine paulinische Sühnetheologie darf in den Passionsbericht eingelesen werden. Solche Reflexion dämpft die Wirkung. Jesus hat die tiefen Abgründe unseres Lebens durchlebt. Allein die konkrete und detaillierte Schilderung seiner letzten Stunden kann dies nachhaltig vermitteln. Jedes deutende Wort zuviel nimmt dieser Passion Jesu ihre Tiefe. Dieser in Jerusalem an diesem Tag unter diesen Menschen leidende Jesus versammelt in sich den Schmerz und die vergeblichen Hilferufe vieler Frauen und Männer danach.
Die einzige und erste exegetische Grundentscheidung ist, den Text als Ereignisgeflecht wahrzunehmen. Die Wahrnehmungen bestimmen im Gottesdienst den sorgfältig gestalteten Vortrag des Berichtes samt seiner Zäsuren.
Auf einige Stationen der Brutalität im Bericht mache ich aufmerksam:

nicht schmerzlindernde Myrrhe mischen sie Jesus in den Wein, sondern bittere Galle (Vers 34). So lehnt er's ab, denn der Trank muß »zum Kotzen« sein.
Noch ist er nicht tot, da streiten sich seine Folterer auch schon um sein Erbe und würfeln wie in einer Spelunke um den Raub (Vers 35).
Ein ausgezehrter, gebrochener Mann hängt am Kreuz, und seine Folterer haben nichts Besseres zu tun als ihn »Judenkönig« zu nennen. Zynischer kann man Spott und Hohn über den hier gescheiterten Jesus nicht ausdrücken (Vers 37). Verstärken und überzeichnen kann man es nur noch durch zwei Räuber, die mit ihm gekreuzigt werden und Jesus ins kriminelle Milieu rücken (Vers 38).
Ein Wunder wollen die zeichenwütigen, die sensationslüsternen Passanten sehen. Auf seine verheißungsvollen Worte zu seinen Lebzeiten wollen sie ihn »festnageln« und fordern Gott selbst heraus. Gott läßt kein abgründiges Leid zu, so die »Theologie« der Spötter. Wenn dieser Jesus Gottes Sohn ist, dann muß spätestens jetzt das Wunder geschehen und der Glaube spektakuläre Nahrung bekommen (Vers 39 bis 43).
Aber das Wunder bleibt aus. Die Spötter bleiben im Recht. Und selbst Jesus stimmt ihnen möglicherweise zu mit seinem Schrei »Mein Gott, mein Gott, warum hast Du mich verlassen?« Die Dramatik erreicht ihren Höhepunkt. Der Gottessohn ist gottverlassen. Das ist kaum auszuhalten (Vers 46). Selbst die Folterknechte fassen das nicht, verstehen nicht, was hier gespielt wird. Sie geben ihm eine letzte Chance, gerettet zu werden, öffnen ein letztes Fenster zum Himmel. Vielleicht greift ja Elia ein, der Prophet, der zum Himmel fuhr und Jesus möglicherweise erlösen kann. Fast unwirklich wirkt das. Es pendelt zwischen letzter Verachtung und einem Rest von Hoffnung auf die bessere, rettende Welt (die Verse 47 bis 49).
Doch es gibt keine Hoffnung. Der Abgrund bricht endgültig auf. Jesus ist erledigt (Vers 50).
Erst jetzt geschehen Zeichen und Wunder. Sie haben Jesus nicht bewahrt. Nach seinem Tod beklagen sie den brutalen Mord am Kreuz und weisen auf die Wende der Auferstehung hin (Vers 51 bis 53).
Das läßt selbst die Folterknechte nicht mehr kalt. Einer macht sogar ein »Fenster zum Himmel« auf und sieht durch Kreuz und Erdbeben hindurch den Gottessohn. Aber auch das ist ein tragischer Höhepunkt, denn jetzt ist Jesus nicht mehr zu retten und tot und deshalb im Mund des Hauptmanns nur »Gottes Sohn *gewesen*« (Vers 54).
Die exegetische Grundentscheidung, daß der Text als Ereignisgeflecht sich selbst erschließt und unkommentiert die dramatische Passion Jesu spiegelt, hat homiletische Konsequenzen.
Über den Text wird nicht deutend gepredigt. Seine Dramatik soll nicht »zerredet« werden. Vielmehr kommt es darauf an, die Perikope sinnerfassend und gut gegliedert zu lesen. Der Text selbst bietet an, nach Perspektiven zu gliedern und den Abschnitt in Erzähler und Zitator aufzuteilen. Darüber hinaus läßt sich vom Darstellungsverlauf her der ganze Zusammenhang zweiteilen. Die Verse 31 bis 38 schildern vor allem die äußere Handlung. Ab Vers 39 deuten Passanten die Szene, werden im Text selbst »theologische Muster« gezeigt, die den leidenden Jesus am Kreuz interpretieren und einordnen. Das stützt noch einmal den Ansatz, daß keine zusätzliche, predigtförmige Deutung heute nötig ist, sondern daß die Perikope selbst »predigt«.
Um die Vorgeschichte zu erinnern und den Kontext zu verdeutlichen, wird vor der eigentlichen Lesung kurz in den Zusammenhang eingeführt.
Besondere Sorgfalt gilt der Situation im Gottesdienst. Die Dramatik der Passionsgeschichte spiegelt sich in der Gestaltung des Raumes an Karfreitag. Schmerz, Leid

und Trauer haben ihr besonderes Gesicht in der Kirche. Ökumenisch läßt sich da viel von unserer katholischen Schwesterkirche lernen. An Karfreitag läuten die Glocken nicht, die Orgel schweigt. Gemeinde und Chor sind auf sich selbst geworfen und singen ohne Begleitung. Das kann schmerzhaft und tröstlich zugleich sein. Sämtliche Antependien an Kanzel und Altar sind abgehängt, keine Decke liegt auf. Die Kerzen brennen nicht. Auf dem Altar steht das Kreuz, Brotschale und Becher für das Abendmahl. Ein Dornenstrauch in einer Vase ist die einzige Pflanze im Raum.
In unserer Gemeinde hängt am Karfreitag sogar ein fünfzig Meter langer Trauerflor an der Kirche als äußeres, unübersehbares Zeichen für diesen erschütternden Leidensweg Jesu. Alles, was wir an diesem Tag tun und zeigen, atmet den Geist der Trauer und des Abschieds. Denn nur wer ans Kreuz mitgeht und sich der Brutalität und Schamlosigkeit auf Golgatha auch im Gottesdienst an Karfreitag aussetzt, findet sich drei Tage danach ins Geheimnis der Auferstehung ein.

Vorschläge zur Liturgie

Die gewählten Texte und Gebete nehmen das Grundmotiv des Predigttextes auf: Jesus ist in die letzten Tiefen gegangen und hat Leid und Schmerz mit uns geteilt. Er spricht Gottes Nähe bis in den Abgrund hinein zu. Darum ein Zitat aus Psalm 22, Jesaja 53 und Hebräer 4.

Glocken schweigen, Orgel schweigt

Chor mit Passionslied

Einleitung
Gestern feiert er noch mit seinen Jüngern mit Brot und Wein das Abendmahl.
Heute schon kommt Jesus ums Leben. Am Kreuz. Karfreitag – nur schwer zu ahnen, was Jesus geschieht, was er aushält.
Eine Ahnung davon heute im Gottesdienst: keine Glocken, keine Orgel, keine Blumen, keine Kerzen, keine Tücher.
Alles kahl und farblos – wie Trauer und Schmerz.
»Herr, stärke mich, Dein Leiden zu bedenken.«

Lied: EKG 71,1+7+8 »Herr, stärke mich, dein Leiden zu bedenken«

Votum
Im Namen des Vaters, der unser Flehen hört,
und des Sohnes, der einer war wie wir,
und des Heiligen Geistes, der uns aufrichtet.

Gemeinde: Amen

Psalm

Mein Gott, mein Gott,
warum hast Du mich verlassen?
Ich schreie, aber meine Hilfe ist ferne.
Mein Gott, des Tages rufe ich,
doch antwortest Du nicht,
und des Nachts,
doch finde ich keine Ruhe.
Unsere Väter hofften auf Dich;
und da sie hofften,
halfst Du ihnen heraus.
Sei nicht ferne, Herr;
Meine Stärke, eile, mir zu helfen.
(Aus Psalm 22)

Gemeinde: Ehre sei dem Vater ...

Gebet

Du hast auf Dich genommen,
was kein Mensch ertragen kann.
Sie haben Dich verspottet,
Dir ins Gesicht gespien
und ein Kreuz aufgeladen.
Herr,
Du hast auf Dich genommen,
was kein Mensch verstehen kann.
Auf Deine Macht hast Du verzichtet,
Dich der Gewalt wehrlos ausgeliefert.
Daran denken wir heute,
können es kaum ertragen,
kaum verstehen.
So bitten wir Dich:
Komm auf uns zu
und laß uns Deinen Trost in der Tiefe finden.
Herr, erbarme Dich

Gemeinde: Kyrie

Zuspruch

Wir haben einen Herrn, der mit unserer Schwachheit mit leiden kann! (frei nach Hebräer 4,15)

Lied: EKG 65,1 »Jesu, meines Lebens Leben«

Gebet
Herr, unser Gott,
Dein Sohn ist den bittern Weg zum Kreuz gegangen,
hat auf sich genommen,
was kaum einer ertragen kann.
Dein Sohn ist in den Abgrund gestiegen,
damit wir nicht alleine bleiben.
Laß uns dies verstehen,
laß uns dies zu Herzen gehen.
Dein Heiliger Geist gebe uns Kraft dazu.
Denn er ist bei uns, heute und von Ewigkeit zu Ewigkeit.

Gemeinde: Amen.

Einleitung zur Lesung
Nach Karfreitag finden Christen im sogenannten Alten Testament Hinweise auf das Schicksal Jesu. Darauf, daß Schmerz und Leid kein Beweis gegen Gott, sondern sogar für ihn sind.
Wir hören dazu die Lesung aus dem Propheten Jesaja.

Lesung: Jesaja 53,3–9

Spruch
Er trug unsere Krankheit und lud auf sich unsere Schmerzen.
Amen

Chorvortrag

Glaubensbekenntnis

Lied: EKG 60,1+2 »Herzliebster Jesu«

Einleitung (siehe »Vorschlag zur Predigt«)

Lesung: Matthäus 27,31-38 mit Erzähler und Zitator

Stille

Lesung: Matthäus 27,39–54 mit Erzähler und Zitator

Stille

Lied: EKG 63,1+5 »O Haupt voll Blut und Wunden«

Liturg
Herr, Jesus Christus,
für uns gelitten,
für uns gestorben,
ein Opfer der Gewalt,
damit wir zur Ruhe kommen,
Frieden finden.
Du vergibst uns unsere Schuld.
Darum, bring ich zu Dir,
was mich von Dir getrennt:
nicht von ganzem Herzen Dir vertraut,
nicht bedingungslos auf Dich gehofft,
nicht inständig genug gebetet.
Ich rufe zu Dir:

Gemeinde: Kyrie (gesungen)

Liturg
Ich bringe zu Dir,
was mich von andern trennt:
nicht von ganzem Herzen ihnen vertraut,
nicht aufrichtig geliebt,
nicht angenommen wie sie sind.
Ich rufe zu Dir:

Gemeinde: Kyrie

Liturg
Herr,
für uns gelitten,
für uns gestorben,
vergib uns unsere Schuld.
Wir rufen zu Dir:

Gemeinde: Kyrie

Liturg
Gott vergibt uns unsere Schuld,
Christus ist für uns gestorben,
damit wir leben und neu anfangen.
Darum singen wir mit den Engeln im Himmel
und allen Christen in der Welt:

Gemeinde: Christe, Du Lamm Gottes …

Abendmahl

Fürbitten für aktuelle Opfer brutaler Gewalt

Lied: EKG 63,8+9 »Ich danke Dir von Herzen«

Segen

Vorschläge zur Predigt

Einleitung in den Zusammenhang:
Die Ereignisse überschlagen sich. Gestern abend noch im Jüngerkreis das Abendmahl gefeiert. Dann in den Garten Gethsemane und unter Angstschweiß darum gefleht, daß das Kreuz an ihm vorübergehe. Und dann kommt die Todesmühle in Gang. Die Jünger lassen Jesus im Stich. Er ist in der Hand von rohen Henkersknechten und wird von Ankläger zu Ankläger gereicht. Die führenden Männer am Tempel verurteilen ihn. Pilatus wäscht seine Hände in Unschuld und läßt die Straße entscheiden über Leben und Tod. Am Ende steht er wieder zwischen seinen rohen Henkersknechten. Mit einer Dornenkrone auf dem Haupt. Verlacht und verspottet, ein gefundenes Fressen für haltlose Soldaten.
Und Matthäus berichtet weiter:

Lesung in zwei Teilen mit Stille

Kontexte

Äußerst anregend für den Umgang mit Passion und Kreuzestheologie sind Romane. Aus ihrer erzählerischen Einbindung oder Veränderung des biblischen Erzählstrangs ergeben sich neue Perspektiven für die Perikope.
Beispiele unter vielen sind »Die letzte Versuchung« von Nikos Kazantzakis oder »Der Richtplatz« von Tschingis Aitmatov.

Ostersonntag

Annäherungen an den Predigttext Johannes 20,11–18

Andreas Zeuschner

»Annäherungen an den Predigttext« lautet der Arbeitstitel dieses Projektes. Nähern kann man sich auch aus der Distanz, zögernd, für einen Moment nur, um danach den Blick wieder abzuwenden in eine andere Richtung. ›Basistheologisch‹ soll diese Hinführung zum Text sein, so die Intention des Herausgebers – aber wer ist die Basis? Die regelmäßigen Gottesdienstbesucher? Oder diejenigen, für die selbst der Ostersonntag nur noch Erinnerung ist? Im Zweifel alle, die überhaupt irgendeine Beziehung zur christlichen Überlieferung herstellen können.
Ich habe einen ganzen Abend lang mit einer kleinen Gruppe von Studenten und Studentinnen an der Universität Duisburg diskutiert, die kurz vor dem Examen in Germanistik stehen. Der erste Gesprächsgang führte nicht unmittelbar zum Text, sondern zurück in die Biographie: die letzten Kontakte zur christlichen Religion. So zum Beispiel der Religionsunterricht (»abstoßend«) oder der Konfirmandenunterricht: »Ich mußte alles auswendig lernen, und darum habe ich keine Fragen gestellt.«
Doch diese Erfahrungen sind nicht mehr relevant für die Gegenwart; bald schon öffnet sich das Gespräch den ersten Impressionen der Ostergeschichte: »völlig irreal«, ein »schönes Märchen«, ein »absurdes Theaterstück«. Eine »Botschaft aus der Zwischenwelt«.
Religiöse Texte sind plausibel nur für den, der durch jahrelangen Umgang mit ihnen an sie gewöhnt ist. Theologen machen sich selten bewußt, daß Engelerscheinungen oder die Begegnung mit dem auferstandenen Christus in der Tat »völlig irreal« sind. Der innerkirchliche Diskurs kann dieses Problem umgehen. Das Interessante an der hier wiedergegebenen Diskussion ist der Versuch, eine *Sprache* zu finden, in der sie überhaupt geführt werden kann.
»Immerhin«, so gebe ich zu bedenken, »bedeutet dieser Text vielen Menschen etwas. Er ermöglicht religiöse Erfahrungen und hilft bei der Existenzbewältigung.« Dieser Einwand wird zugegeben, und ein neues Phänomen kommt in den Blick: Marias Naivität. Sie glaubt aufs Wort, was eine Person ihr sagt, die Ähnlichkeit mit dem Gärtner hat. Offenbar stellt sie

noch weniger Fragen als ein Konfirmand. Und dann eine interessante Reflexion: »Was unterscheidet den durchschnittlichen Predigthörer von Maria?«
Meiner Ansicht nach liegt hier in der Tat ein bemerkenswerter Widerspruch. Auch von der christlichen Pädagogik wird die Kritikfähigkeit als globales Ziel verfolgt. Wieviel Kritik aber verträgt ein religiöser Glaube? Verlangt er nicht an entscheidender Stelle Distanzlosigkeit: bedingungslose – unkritische – Annahme oder Hingabe? An eben dieser Stelle ermöglicht er die Manipulation von Menschen und die Ausübung klerikaler Macht.
Der Verlust der Naivität mag notwendig sein, aber er hat auch etwas Trauriges. Wir verlieren etwas. Das Gespräch bekommt eine persönliche Wendung, vermittelt menschliche Nähe. Nach einer Weile weise ich darauf hin: Nicht jeder Text ist in der Lage, eine solche Gesprächsatmosphäre zu erzeugen. Das wird von einigen bestritten, aber eine Studentin stimmt mir zu: »Der Text setzt nur voraus, daß du Mensch bist.«
Es scheint, als hätten wir den Graben der Geschichte überbrückt: Welche existentiellen Erfahrungen motivieren eine Überlieferung wie diese? »Wenn man die Finger vom Leben läßt, muß man sagen können, warum.« – »Manchmal glaube ich, wir haben mehr Angst vor dem Leben als vor dem Tod.«
Dieses letzte Statement könnte ich mir als Thema einer Osterpredigt vorstellen. Erzeugt nicht der Auferstandene mehr Angst als sein Grab?
Am Ende steht eine germanistische Annäherung an das Osterevangelium: *»Jakob der Lügner«* von Jurek Becker. Der Roman handelt von dem Juden Jakob Heym, der im Ghetto Meldungen aus einem Radio verbreitet, das nur in seiner Phantasie existiert: *»Die Russen stehen schon kurz vor Bezanika.«* Mehr als nur Meldungen: lebenswichtige Hoffnungen. Eine Botschaft.

Zum Gottesdienst

Claus Marcus

Theologisch-homiletische Skizze

Diesen Entwurf schreibe ich während der Tage, da erneut schwere Kämpfe um Sarajewo stattfinden, die NATO und UNO einen Bombeneinsatz planen, Nachrichen von Umweltkatastrophen in die Öffentlichkeit dringen, die Brutalität auf den Straßen der Großstädte anwächst, die Zahl der Arbeitslosen steigt, die Gewerkschaften zu Streiks aufrufen, das gesamtgesellschaftliche Leben sich in einem verheerenden Schlingerkurs befindet. In eine ähnliche Situation – auch wenn wir dann 1995 schrei-

ben und den 50. Jahrestag der Befreiung vom Hitlerfaschismus feiern – wird die Botschaft von der Auferstehungswirklichkeit des Christus Jesus zu sagen sein. Der Prediger steht vor nicht geringen Übersetzungsschwierigkeiten! Dazu kommt, daß seit längerer Zeit das Osterfest einen überzeugenden Platz »nur noch« in den Jungen Kirchen Afrikas, Lateinamerikas und Ostasiens hat. Die Passionszeit mit dem Ziel des Karfreitagsgeschehens läßt für den Zeitgenossen viele Fragen unbeantwortet: Ein Gerechter stirbt für die Ungerechten, wie kann Gott das Leid zulassen!
Mir scheint aber der Versuch, sich mit der Osterbotschaft immer neu auseinanderzusetzen, lohnend. Nicht, weil das von Amts wegen so zu sein hätte! Unsere Gegenwart, durch subtile Angst- und Todesmechanismen bedroht, wird es nötig haben, diese Nachricht zur Kenntnis zu nehmen: Das Gesetz des zerstörenden Todes ist in seiner Letztgültigkeit in Frage gestellt, die Sklavenketten der Vernichtung und Ausbeutung sollen nicht weiter Bestand haben. Zum Thema unserer Gegenwart: Umgang mit der Angst, Leben mit dem Sterben, Leben aus dem Tod – da sind wir täglich neu herausgefordert. Der christliche Glaube steht auf dem Prüfstand – auch interreligiös! Nicht nur Konfirmanden fragen nach der Glaubwürdigkeit des christlichen Zeugnisses angesichts des täglichen Massenmordens in unserer Welt – »und die Kirche steht schweigend außen vor!«.
Die für diesen Ostersonntag vorgegebene Perikope aus Joh 20 nimmt in sehr eigenwilliger Weise diese Gedanken und Gefühle auf. Ich gebe dem kleinen Einleitungssatz »Maria aber stand draußen – vor dem Grab – und weinte« in der Einleitung breiten Raum. M.E. spiegelt sich hier in der Konzentration auf einen konkreten Menschen das Leid und der Schmerz dieser Welt – draußen stehen, vor dem Grab, weinen. Nach diesem Einleitungsteil kann ich mir eine mehr an die Homilie angelehnte Predigt vorstellen, die am Text entlanggeht und die innere Oster-Entwicklung eines Menschen darzustellen versucht. Maria Magdalena erlebt es an sich und in sich, wie sie aus der weinenden Frau zu der erzählenden, verkündigenden Zeugin für das auferstandene Leben im Kampf gegen die Mächte des Todes wird.
Als einzelne Schritte schlage ich vor:

1. Der Mensch darf zu seinem Schmerz und zu seiner Trauer stehen.
2. Wo wir genau hinblicken, werden wir eine andere Wirkichkeit wahrnehmen.
3. Die persönliche Anrede durch den Einen – unter Nennung des Namens – befreit aus dem Gefängnis der Trauer und aus dem Rückwärtgewandtsein.
4. Wir werden befreit und bereit zum Auftrag, für das Leben einzustehen.

Exegetisch wäre vielleicht nachzutragen, daß wir es in Joh 20 mit ineinander verwobenen Ostertraditionen zu tun haben, nämlich der synoptischen Tradition der Frauen am Grabe und der Geschichte von dem Lieblingsjünger Jesu sowie dem leeren Grab.

Vorschläge zur Liturgie

Eingangsvotum

Ostermorgen –
wir sind erwacht – spüren das Leben in unseren Leibern
finden neu zu uns selbst
in unsren Ohren klingt die Stimme von Wehmut und Abschied,
von Schmerz und Trauer nach
gelebtes Leben – nichts können wir mehr hinzufügen –

an diesem Ostermorgen wird uns Leben neu anvertraut
jetzt – in diesem Augenblick – bekommmen wir Anteil an neuer Freiheit –
Freiheit gegenüber den Zwängen von Verderben und Tod
Freiheit gegenüber Einsamkeit und Verlorenheit
Ostermorgen
Gewißheit des Lebens, der Liebe und des Vertrauens!

Eingangsgebet
Vergangen ist das dunkle Gestern. Schatten des Todes sind dem Licht der Auferstehung gewichen. Du kommst uns entgegen. Du nimmst uns an, so wie wir sind. Wir brauchen uns vor dir nicht zu verstecken. Du kennst uns, bist uns näher als wir selber uns sind. Im Licht des Ostermorgens schwinden Angst und Verzagtheit, Kleinglaube und Enttäuschung.
Laß uns teilhaben an der verwandelnden Kraft deiner Auferstehung. Laß uns auferstehen aus unseren selbstgemachten Verliessen, Gräbern und Totenkammern. Du bist das Leben für einen jeden von uns. Dank sei dir, o Christe.

Gnadenzusage
Wo wir uns berühren lassen vom Hauch des Ostermorgens; wo wir uns hinein nehmen lassen in den Strom des Lebens, da gilt für einen jeden von uns: 2. Tim 1,7.

Kollektengebet
Was wir gehört haben, das laß uns schauen. Was wir schauen, dazu schenke uns Glauben. Was wir hoffen, das laß uns leben aus der Kraft deiner Auferstehung.

Psalmvariation
(aus den Lesungen der Osternachtliturgie)
»... es werde Licht, und es ward Licht« (Gen 1)
lang sind die Schatten des Todes
hüllen das Leben in Dunkelheit
Finsternis läßt Angst anwachsen
Lähmung der Herzen bringt menschliches Handeln zum Stillstand
Sehnsucht nach Leben wächst ins Unermeßliche
Hoffnung auf Glück und Glaube droht zu verkümmern
Leben der Menschen im Miteinander schrumpft auf das Nötigste zusammen
machtvolles Schöpferwort kann den Vorhang
schmerzender Dunkelheit zerreißen

»... es werde Licht und es ward Licht«
wie ein einem Traum erlebt sich der Mensch
er traut seinen Augen und Ohren nicht

Bedrohung der Schöpfung soll abgewendet werden
das Chaos soll seine Herrschaft nicht antreten
neuer Anfang wird möglich
schon jetzt
eine Gnadenfrist wird zugebilligt
der Mensch in seinem hochmütigen Streben muß seine Grenzen erkennen
Ausreden gelten nicht
Leben aus Verantwortung für Mensch und Welt will jetzt gewagt werden

»... ich will hinfort nicht mehr die Erde verfluchen um der Menschen willen« (Gen 8)
neues Fühlen und neues Denken, neues Sehen und neues Hören
des Alten soll nicht mehr gedacht werden
mit neuen Kräften des Leibes und der Seele werden wir begabt
der Spur von Leben aus Verderben und Tod kommen wir nahe
immer da, wo der Mensch sich als Mensch erlebt und erfährt
wo er die inneren Verliesse aufbrechen läßt
wo er die Behausungen der Angst hinter sich lassen kann

»... und ich will euch ein neues Herz und einen neuen Geist in euch geben« (Hes 36)
in uns selbst findet die Verwandlung statt
Ostern greift tiefer als alle Kräfte dieser Erde
befreit zur neuen Schöpfung
läßt angstfreien Umgang miteinander möglich werden
Menschen sehen einander mit neuen Augen
nehmen einander an in aller Unterschiedlichkeit
Liebe und Vergebung sind keine Fremdworte mehr
Beziehungen heilen
Hetze fällt von uns ab
Ruhe kehrt ein in unsre Herzen

»... und ich will euch Odem geben, daß ihr wieder lebendig werdet, und ihr sollt erfahren, daß ich der Herr bin« (Hes 38)
wohin leben wir
worauf hoffen wir
wem vertrauen wir
wie gehen wir miteinander um
leben wir nur uns selbst
sind wir uns jeder selbst der Nächste
wer bin ich im Strudel der Weltereignisse

»... und lebt Gott in Christus Jesus« (Röm 6)
probt den Aufstand des Lebens gegen den Tod
leistet Widerstand den geheimen Angstmachern und Verführern

mißtraut den Lockrufen der Mächtigen
wagt es, eine eigene Meinung zu haben
setzt euch zur Wehr
hinterfragt die verführerischen Angebote des Tages
laßt den Christusgeist der Auferstehung durch euch wirken

»... fürchtet euch nicht, geht hin und verkündigt es meinen Geschwistern« (Matth 28)
die Tür zum Leben ist aufgetan
der Atem geht ruhiger
Geborgenheit und Vertrauen werden möglich
Angst wandelt sich in Zuversicht
Tränen beginnen zu trocknen
Lachen und Springen können wir – jetzt

»... der Herr ist auferstanden« (Luk 24)
Ostern findet jetzt statt
Oasen des Lebens und der Liebe liegen vor uns
Rosen blühen im Schnee
Blumen brechen durch den Asphalt des Lebens
Gottes Schöpferwort reißt Mauern ein
der Herr ist auferstanden

Schlußgebet

Leben sprichst du uns zu – die wir in Stricken des Todes verfangen sind – unsrer Rechthaberei, Besserwisserei, unserem Denken in Machtblöcken und Megatonnen, unsren Feindbildern, unsren Ängsten und Lebenszweifeln.

Leben sprichst du uns zu – die wir unruhig und zerrissen in den Tag leben, hastig von Termin zu Termin eilen, für den anderen Menschen keine Zeit haben.

Leben sprichst du uns zu – die wir voller Sehnsucht nach wirklichem, erfülltem Leben sind. Endlich einmal zu uns selbst finden, im anderen den Menschen wahrnehmen, füreinander Zeit haben, jetzt und nicht erst irgendwann.

Leben sprichst du uns zu – berufst uns in die Gemeinschaft deiner Mitarbeiter. Leben und Freude wollen durch unsren Einsatz wirklich werden, Menschen sollen wieder lachen, Tränen sollen trocknen, Kinder dürfen im Spiel ihre Welt entdecken und begreifen. Alte sollen nicht mehr in Heime abgeschoben werden. Kranke gehören zu unserem Alltag.

Leben sprichst du uns zu – wir dürfen unsere Schwächen zeigen, müssen nicht die Macher und Alleskönner sein, dürfen einander so begegnen wie wir sind. Das Versteckspiel wird nicht mehr nötig sein, die Masken können fallen.

Leben sprichst du uns zu – du berufst uns zu Menschen deines Friedens und deiner Versöhnung, ganz in unserer Nähe, wo das Recht des Fremden mit Füßen getreten wird, wo Ausländerfeindlichkeit geschieht, wo der andere Mensch in seiner Würde gefährdet wird.
Leben sprichst du uns zu – damit wir unseren Mund auftun für die Stummen in unserer Gesellschaft, für die Randsiedler, für die Einsamen und Verlassenen, die Heimatlosen und Flüchtlinge, die Geängsteten und Traurigen.
Leben sprichst du uns zu – beauftragst uns, die Botschaft von Ostern, vom Sieg des Lebens inmitten der Todeswelt weiterzusagen und weiterzuleben; ermutigst uns, in das urchristliche Lachen am Ostermorgen einzustimmen – so bitten wir um deine Nähe, um die Gewißheit, daß nichts und niemand uns von deiner Hand reißen kann, daß wir bei Tag und bei Nacht, im Leben wie in unserem Tod bei dir unsere Geborgenheit finden.

Segenswort
Geht in dieses Osterfest –
geht als die zum Leben Befreiten,
lebt als die zur Hoffnung Berufenen,
glaubt als die zur Liebe Erwählten,
geht in dieses Osterfest –
als die Menschen geboren aus der Osterfreude,
geht in dieses Osterfest
als die Töchter und Söhne des Vaters,
als die Geschwister des Sohnes,
als die Menschen des Heiligenden Geistes!

Mögliche Lieder
Innerhalb des neuen Evangelischen Gesangbuches finden sich neben den bekannten Osterliedern drei Neuaufnahmen, EG 104 »Singen wir heut mit einem Mund«, EG 116 »Er ist erstanden, Halleluja«, EG 117 – früher EKG 369 – »Die ganze Welt, Herr Jesu Christ«.
Aus »Mein Liederbuch« TDV: B 23 »Solang es Menschen gibt auf Erden«, B 25 »Das könnte den Herrn der Welt ja so passen», B 43 »Weil wir von Hilfe leben«, B 46 »Wenn das rote Meer grüne Wellen hat«, B 56 »Welcher Engel wird uns sagen«, B 71 »In Ängsten die einen«, B 77 »Wir träumen einen Traum«, B 103 »Neue Hoffnung, neues Leben«, B 127 »Freunde, daß der Mandelzweig«, D 16 »Die Antwort weiß ganz allein der Wind«,D 17 »Sag mir, wo die Blumen sind«.

Vorschläge zur Predigt

Möglicher Predigtanfang
»Ungewöhnlich, damit beginnt Ostern! Ein Mensch, eine Frau steht draußen vor dem Grab und weint. Tief enttäuscht vom Leben, der Weggemein-

schaft mit dem gemeinsamen Freund steht sie fassungslos neben ihrem Leben. Diese Szene ist uns nicht unbekannt. Das kennen wir. Manch einer hat Abschied nehmen müssen in den vergangenen Monaten von einem lieben Menschen. Die Lebensperspektive zerbrach. Dann bleiben oft nur weinen und klagen, damit der Schmerz und die Trauer sich nicht zu tief in Herz und Seele festsetzen.
Zunächst paßt diese Situation überhaupt nicht zum Ostermorgen. Wir möchten einmal nichts von Schmerz und Leid hören, möchten einmal unmittelbar ohne Einschränkung zur Freude gerufen werden. Von der Welt und ihrem Leid wissen wir genug. Heute hat die Stimme des Lebens das Vorrecht.
Doch täuschen wir uns nicht über unser Lebensgefühl hinweg. Trotz Ostern bleiben in uns Unruhe und Zweifel, Erinnerung an geweinte Tränen und erlittene Enttäuschungen, Angst vor der Zukunft.
Vielleicht gelingt es uns, diese Geschichte von der Maria Magdalena, einer Frau aus dem engen Kreis um Jesus, auch als unsere Lebensgeschichte zu entdecken. Dann mag es geschehen, daß wir einer Osterfreude teilhaftig werden, die auch die Mauern unserer Ängste und Trauer zum Einstürzen bringt.«

Zum weiteren Verlauf

1. Ein Vergleich mit der Ostergeschichte bei Markus ist vielleicht angebracht, wo die Frauen mit Furcht und Zittern vom Grab fliehen.
2. Eine weitere Vertiefung des Gedankens legt sich nahe: Ich darf zu meinem Schmerz stehen, zu meiner Trauer. Diese »Schwäche« ist Zeichen meiner Offenheit, meiner Stärke im Kampf für mein Leben.
3. »In ihrem Schmerz weicht Maria vor dem Blick in das dunkle Grab nicht zurück. Ihrer Ausweglosigkeit stellt sie sich völlig. Wo wir unserem Lebensthema nicht ausweichen, uns unserer Lebensfrage stellen, da mag es uns wie Maria Magdalena ergehen. Wie sie sehen wir eine neue Dimension. Das hat etwas von einer geistig-seelischen Schau. Nicht leichtfertig sollten wir diesen Gedanken von uns weisen. Hier bricht sich etwas Wesentliches seine Bahn. Die Anerkenntnis der österlichen Welt, die ganz und gar nicht mit unserem Realitätssinn zu verrechnen ist. Maria schaut zwei Engel. Auf ihrem Weg zum Leben begegnen ihr diese zwei Boten, die eine wichtige Station in ihrem Trauerprozeß markieren.«
4. Weitere Beispiele aus der Seelsorge an Schwerkranken, Sterbenden und Trauernden sollten aus der eigenen Praxiserfahrung eingebracht werden. Menschen, die einander Anteil geben an den Dunkelheiten ihres Lebens, erleben nicht nur Verstandenwerden, sondern auch ein Getragensein über den Abgründen. Zu erinnern wäre an jenes abgewandelte Luther-Wort, daß wir einander zum Engel werden sollten.
5. »Das ist uns nicht unbekannt: Wir befinden uns in einer tiefen Phase unseres Traurigseins. Niemand erreicht uns. Jede Frage prallt an uns ab.

Plötzlich hören wir die Stimme eines zutiefst vertrauten und geliebten Menschen, die uns aus unserer Trauer aufweckt und uns befreit zu neuem Sehen und neuem Hören. Da werden wir Ostermenschen.«

Man könnte diesen Abschnitt auch noch ergänzen. Die Meinung, es sei der Gärtner, regt zu Assoziationen an: Lebensgarten, sich um etwas kümmern, einer, dem das Leben nicht gleichgültig ist.

6. Vers 17 erfordert einen Exkurs. Bei Johannes ist die Auferstehung erst mit Jesu Erhöhung vollendet. Ebenso die rätselhafte Rede von »mein« und »euer« in Beziehung auf Vater und Gott; ebenso das Gebot, ihn nicht zu berühren!

»Ostern läßt sich nicht dingfest machen. Ostern ist von uns nicht mit den Händen zu greifen. Ostern verwandelt unsere Herzen und Sinne, setzt uns in Bewegung, Leben für uns persönlich und diese Welt neu wahrzunehmen. Ostern kommt aus dem Schauen und Hören, nicht aus Anfassen und Greifen. Ostern hat es mit dem Sein nicht mit dem Haben zu tun.«

7. Jetzt würde ich an Erlebnisse in afrikanischen Gemeinden mit ihren Gottesdiensten und ihrem Aufstand für das Leben gegen die Ungerechtigkeit anknüpfen. Vielleicht an den Lebensweg von M.L. King als einem Weg aus der Ostergewißheit, nicht anders bei Desmond Tutu in Südafrika. Beispiele aus der Arbeit der Freiwilligen bei Aktion Sühnezeichen/Friedensdienste geben Material für das Lebensengagement aus der Ostergewißheit.

Im April 1995 – am 16.4. ist Ostern – werden es 50 Jahre her sein seit der Hinrichtung von Dietrich Bonhoeffer in Flossenbürg (9.4.). Im Mai wird der Zweite Weltkrieg 50 Jahre vorbei sein!

Möglicher Schluß

»Maria Magdalena ist aufgebrochen, hat die Gräber hinter sich gelassen. Sie hat den anderen erzählt und weitergesagt, was sie gesehen und gehört hat. Damit ist sie zu einer der ersten Zeuginnen der Osterwirklichkeit geworden. Wir sind eingeladen, uns auf diese Botschaft einzulassen. Werden wir Protestleute des Lebens in dieser Todeswelt. Werden wir Boten des Friedens und der Versöhnung zwischen den verhärteten Fronten der Machtblöcke. Werden wir Gefährten der Hoffnung und der Liebe, damit Haß und Herzenskälte schmelzen können.«

Ostermontag

Annäherungen an den Predigttext Jesaja 25,8–9

Elsbeth Zuleck

Laiengedanken aus dem Theologischen Gesprächskreis der Stadtkirchengemeinde Ludwigsburg.

- Dieser Text klingt für mich wie ein Märchen.
- Wie lange hört man das schon: »Er wird den Tod verschlingen auf ewig.« Und wieviele Menschen sterben unterdessen.
- Angesichts der heutigen Bedrohungen der Menschheit ist dieser Text einfach einmal ein Trost.
- Der Tod gehört zum Leben.
- Ich habe Schwierigkeiten mit diesem Vertrösten »Er wird die Tränen von allen Angesichtern abwischen und wird aufheben die Schmach seines Volkes«. Wo doch die Not in unserer Gegenwart so groß ist. Also für mich ist das kein Trost.
- Das ist die Frage: Ist das Trost oder nur Vertröstung?
- Es fällt einem automatisch der Text ein: »Der Tod *ist* verschlungen in den Sieg.«
- Man müßte wissen, in welche Situation hinein Jesaja dies alles gesagt hat.
- Es fällt uns offenbar sehr schwer, das alles zu übernehmen angesichts der Dinge, die wir jeden Tag im Fernsehen sehen. Deswegen muß hier wohl auch gelten, daß der Glaube auch das glaubt, was er nicht begreift oder was er für unwahrscheinlich hält und was er nicht sieht.
- Auch unter uns gibts heute noch viel Schmach, wenn wir bedenken, was alles bekämpft wird im Namen Gottes oder im Namen des Christentums.
- Wenn christliche Serben moslemische Bosnier umbringen, das ist auch eine Schmach. Oder wenn Orthodoxe Katholiken bekämpfen usw.
- Die ersten Christen haben geglaubt, daß dies alles längst eingetroffen sei mit Christus. Seither leben die Christen im Zwiespalt zwischen dem geglaubten »Schon« und dem erlebten »Noch nicht«. Und manchmal zerreißt das einen einfach. Diesen Zwiespalt können auch wir heute nicht lösen.

- Ich denke, wir müssen schon sehen, daß dieses Wort nach der Auferstehung Christi mit einem ganz neuen Inhalt gefüllt ist.
- Mir fällt auf, was für ein wunderschönes Bild das ist von dem »Abwischen der Tränen«. Eine wunderbare Sprache ist das. Ich kann mir vorstellen, wenn dieser Text von der Kanzel gelesen wird, berührt er meine Sinne. Das spüre ich beinahe körperlich, was da vor sich geht. Ich höre das mit großem Wohlgefallen.
- Ich erwarte vom Prediger, daß er nach der Schilderung der Situation von damals auf unser Leben jetzt, auf unsere Situation jetzt Bezug nimmt. Ich kann mir überhaupt nicht vorstellen, wie er diesen verheißungsvollen Text mit unserer heutigen schweren Zeit in Einklang bringt.
- Der Prediger wird schon sagen müssen: »Das Leben ist da trotz allem. Christus ist auferstanden. Damit ist das Leben für uns gesichert.« Das ist die Aussage von Ostern: Trotz allem – das Leben.
- Ich gehe deshalb an Ostern in die Kirche, damit ich etwas höre, was über das Leid und Elend unserer Welt hinausgeht, was mich tröstet.
- Ich werde das erste Ostern nach dem Tod meiner Frau nicht vergessen. Da ist für mich konkret Ostern geworden. Weil ich den Tod so hautnah mitgekriegt habe, habe ich das richtig gespürt: »Der Tod ist verschlungen.« Und da hab ich mir gesagt: »Das ist so. Das Leben hat gesiegt, trotz Tod.«
- Dieser Text entspricht eigentlich nicht meiner Lebenserfahrung, aber absolut meiner Lebenshoffnung.
- Bei diesem Text strömt ein Wohlgefühl durch meinen Körper und ich empfinde Nähe und Wärme.
- Dieses wunderbare Bild – ein Traum der Menschheit – ist für mich nur sinnlich zu erleben und niemals mit dem Kopf.

Zum Gottesdienst

Reinhold Ahr

Theologisch-homiletische Skizze

Schade, daß in vielen Gemeinden am Ostermontag – und dies hat dieser Festtag mit dem 26.12. gemeinsam – viele Gottesdienstbesucher der Ansicht sind, sie hätten ihr »Kirch-Geh-Pensum« absolviert. Vielleicht trägt der da und dort übliche Kanzeltausch auch dazu bei, jedoch einen so verheißungsvollen Predigttext hören sie nicht alle Tage.
Wie bei den meisten apokalyptischen Texten der Bibel bleibt der Verfasser unbekannt, Abfassungszeitpunkt dürfte so das 2. bzw. 1. Jahrhundert vor Christi Geburt sein. Von Geschehnissen mit universalen Ausmaßen ist da die Rede, das Gericht

Gottes – im sog. Alten Testament wird dieser Begriff noch ungeniert gebraucht – über die ganze Erde, aber auch deren Rettung und Wiederherstellung kommen in das Blickfeld. Fürwahr Welterschütterndes gibt es zu bedenken, und das paßt haargenau zum verschwundenen Stein des Felsengrabs bei Jerusalem.
Nach dem Gottesgericht (Kapitel 24; Vers 6 schließt an Jesaja 24,23 an) lädt der König der ganzen Erde zu einem Festmahl ein, das er anläßlich seiner Thronbesteigung feiert. Zur Krönung und Steigerung seines Sieges folgt als größte Tat die Überwindung des Todes, des »letzten Feindes«. Uns fallen die vertrauten Bibelworte, die gewiß auch hierher gehören, ein, wie 1. Korinther 15,26 und Offenbarung 21,4. Hier bei Jesaja findet sich neben Daniel 12,2 eine der wenigen Stellen der jüdischen Bibel, die etwas von der Gewißheit der Todesüberwindung aufblitzen läßt und bestimmt auch auf die frühen Christen einen Einfluß hatte. Von einer Auferstehung jedoch wird (noch nicht!?) gesprochen. Die Spannung, die in nahezu allen Texten, die sich mit Zukünftigem beschäftigen, erhalten bleibt, ist nur wenig spürbar. Aber die Erwähnung der »Schmach seines Volkes« geht uns heute wieder mehr unter die Haut. Sind es nicht die Fremdlinge und Verfolgten, die in alle Welt Zerstreuten, deren Tränen unentwegt fließen – und wir – haben uns daran gewöhnt.
Für Israel leuchtet die Verheißung auf, daß der unausrottbar erscheinende Antisemitismus sein Ende haben wird. Wer auch immer diesen Vers 8 liest, bedenkt und auf sich wirken läßt, versteht den Jubel, der im nachfolgenden Vers auf diese Vision, diese Sicht- und Glaubensweise folgt. Wir sollten zunächst einmal mitjubeln, bevor unser bekanntes »Ja aber« einsetzt.
So kann dann eintreffen, was in der neuen Stuttgarter Erklärungsbibel (Deutsche Bibelgesellschaft Stuttgart 1992), die ich uneinschränkt empfehlen kann und die auch zu diesen Ausführungen genutzt wurde, über die apokalyptischen Schriften konstatiert wird (S. 1058):
»Sie geben ihr (sc. der Gemeinde Jesu) Mut, in den Schrecknissen, von denen sie und die ganze Menschheit heimgesucht wird, die Geburtswehen einer neuen Welt zu erkennen und auf den zu blicken, der sich in diesen Wehen als der Kommende ankündigt.«

Vorschläge zur Liturgie

Eingangslied
EKG 81,1–3 »Mit Freuden zart zu dieser Fahrt«

Psalmlesung
Psalm 118,14–24 oder
Jona 2,1–11

Schuldbekenntnis
Guter Gott, wir wissen so manches und kennen die Geschichte vom österlichen Erdbeben, die Botschaft der Engel. Doch wirkt sie keineswegs so umwerfend auf uns wie auf die bezahlten Wächter damals. Gewohnheit hat uns blind gemacht für dein Wirken, gestern, heute und von dem zukünftigen ganz zu schweigen. Deshalb verrinnen unsere Tage oft so eintönig und den Blick ins Antlitz des Bruders, der Schwester haben wir uns abgewöhnt.

Das ist uns leid, wir wollen deine Auferstehung neu erleben und weitersagen.
Darum bitten wir: Herr, erbarme dich!

Gnadenzuspruch
Gott tröstet uns mit der Zusage über seinen Sohn:
Jesus Christus, gestern und heute und derselbe auch in Ewigkeit.
(Hebräer 13,8)

Lesungen
Daniel 12,1c–3
1. Korinther 15,12–20

Weitere Lieder
EKG 87,1+5+7 »O Tod, wo ist dein Stachel nun?«
EKG 82,1–5 »Wir wollen alle fröhlich sein« (als Schlußlied)
Neuere Lieder
Singe, Christenheit 638,1–3 Seht, der Stein ist weggerückt (Text Lothar Zenetti) – Beiheft zum Evangelischen Kirchengesangbuch für die Ev. Kirche in Hessen und Nassau und die Ev. Kirche von Kurhessen-Waldeck 1981
Mein Liederbuch für heute und morgen B 26,1–3 Das könnte den Herren der Welt ja so passen (Text Kurt Marti) – tvd-Verlag GmbH, Düsseldorf o.J.
Lieder Mosaik Sammelband 1–4 Nummer 131 Halleluja, Halleluja! Christus ist auferstanden vom Tod – Präsenz-Verlag der Jesus-Bruderschaft, Gnadenthal, 7. Auflage 1987

Eingangsgebet
Hilf uns, Herr, heute für andere zu leben, weil deine Liebe alle Menschen umfaßt. Hilf uns, jene Wahrheit zu suchen, die wir noch nicht erkannt haben. Hilf uns deinen Gebote zu halten, die wir wohl gehört, aber nicht befolgt haben. Hilf uns, einander zu vergeben in der Gemeinschaft, die du uns geschenkt hast. Herr, dir vertrauen wir uns an: mache uns zu neuen Menschen.
(aus: »Zeit für Gott« von Günter E. Th. Bezzenberger, Edition Sonnenweg, Konstanz, 1994)

Vorschläge zur Predigt

Möglicher Predigtanfang
So manchen von Ihnen, die aufmerksam den kurzen Predigttext am heutigen Ostermontag angehört haben, wird sich vielleicht auch der Gedanke vorschnell aufdrängen, den ich lange Zeit nicht los wurde. »Schön wär's ja,

aber ...«, ging es mir immer durch den Sinn. Ja, noch schlimmer, es mutete wie ein Märchen an, »zu schön, um wahr zu sein«.
Wohl keiner sitzt hier unter uns, dem nicht die Bilder der Tränen vors innere Auge kommen, Tränen des Zorns, der Hilflosigkeit und der Resignation. Man muß nicht besonders sentimental sein, wenn man es satt hat, den Reigen des Leides und des Elends dieser Tage zu sehen, sei es im Bericht der Fernsehjournalisten oder im Bildteil der Zeitung.
Und dann die Kinder, deren Tränenflut keiner stillen kann, es ist zum Verzweifeln und zum Fäusteballen, doch was ändert es, wem wird dadurch geholfen? Vieleicht haben wir uns auch schon daran gewöhnt und äußern sachlich und lebensklug, daß Tod und Sterben, Krieg und Vertreibung eben zu unserem Leben und zu dieser Welt gehören. Ebenso die Bilder der Schmach und Verachtung, wie sie in den Berichten über Antisemitismus und Fremdenhaß auf uns zukommen, wen erschüttern sie denn noch ernsthaft, es gehört einfach zu dieser bösen Zeit.
Aber jetzt sollten wir innehalten und nicht an diesem Festtag in Weltuntergangsstimmung verfallen. Es ist und bleibt merkwürdig, wie schnell wir uns doch verführen lassen, wenn es um Zukünftiges geht, aus den Verheißungen Gottes Klagelieder zu machen. Woran liegt das denn, sind wir Christen notorische Schwarzseher oder Realisten, die wissen, was die Stunde geschlagen hat? Ja, vielleicht bilden wir uns noch etwas darauf ein, daß wir so kritisch sind und etikettieren andere als »einfältig Glaubende«, die an den tröstenden Gott noch glauben. Jeder von uns hat seine eigenen, ureigenen Erfahrungen, wahrscheinlich ganz weit innen, die er mit dem Dunkel, dem Sterben und der Erfahrung des Todes gemacht hat. Und das ist gut so.

Zum weiteren Verlauf
Von der Erfahrung des einzelnen Menschen – wie unterschiedlich sie auch jeweils sein mag – möchte ich zum Einbruch des Osterereignisses in diese beklemmende »Weltdepression« gelangen. Wer von dieser Osterfreude noch anrührbar ist, soll etwas verspüren von der Faszination der Todesüberwindungsverheißung. Denn kein Leben wäre auf die Dauer möglich ohne dieses »trotzige Dennoch« gegen den Tod. Möglich wäre hier das Vortragen eines lyrischen Textes wie zum Beispiel »Chronik« von Albrecht Goes oder »Immer wieder« von Rilke (siehe dazu Kontexte). Aber auch viel prosaischer wird dieses Dennoch von uns Menschen gelebt, vielleicht öfters nicht als solches verstanden. Ist aber nicht der Aufbau eines Hauses, einer Stadt nach der Zerstörung, sei es durch Erdbeben oder Krieg, eine Tat aus diesem Dennoch heraus? Doch wohl auch der Mut zu einer erneuten Schwangerschaft nach dem Tod eines Kindes (siehe Goes-Gedicht) oder der Neuanfang nach dem Scheitern einer Beziehung eine Folge des glaubenden »Trotzdem«. Wichtig ist es mir, hinzuweisen auf die wenig beachteten Handlungen im Geiste der Auferstehung und des Auferstandenen.

Dem einen oder anderen klingt es vielleicht zu banal, wenn ich vom Halten der Hand eines Kranken spreche, der voller ängstlichen Gespanntheit den Eingriff einer Operation erwartet oder das tröstende Umarmen eines weinenden Kindes in diesem Zusammenhang erwähne, das nach einem klärenden Naseputzen sein Spiel wieder aufnimmt. Jeder hat dazu andere Einfälle, das ist eine gute Sache. Den kritischen Einwand, daß hier mit zu kleiner Münze dieser »Verheißungsschatz« des Jesaja-Wortes verhandelt werde, greife ich gerne auf. Es geht sicherlich nicht nur um das »Zuvorgenannte«, es geht um eine weitere, eine neue Dimension, wenn wir das »Tränenabwischen im Kleinen« damit auch nicht um seinen Wert bringen dürfen.
Der Schreiber des Predigtabschnittes, der so zum Widerspruch herauszufordern scheint, hatte anderes im Sinn, einen anderen, den wir bei der Osterpredigt nicht vergessen dürfen. »Und Gott der Herr wird die Tränen von allen Angesichtern abwischen.« Man benötigt Zeit, um sich dies einmal vorzustellen, Phantasie, um sich in Farben der Zukunft dies aus- und aufzumalen. Was wird sein, wenn Gott erscheint, eingreift in das Speichenrad des Geschichtsablaufs. Viele Lieder, nicht nur aus der Zeit der Erweckungsbewegung, nein auch unserer Tage (z.B.: »Ja, wenn der Herr einst wiederkommt« in »Singt von Jesus«, Born-Verlag Kassel, 1969, Nummer 373) handeln von diesem »Gott der Herr«. Er ist schließlich der Ursprung und Urheber von Ostern, der Vater Jesu Christi, der seinen Sohn auferweckte, den »Erstling der Toten« (1. Korinther 15,20). Zwar sind wir Zweifelnden an der Gottestat damals wie der zukünftigen in guter Gesellschaft, und zwar der der Jünger, von denen es heißt, daß einige – bis zuletzt – zweifelten (Matthäus 28,17). Doch andere wiederum, die berühmt-berüchtigten »Emmausjünger« (das Evangelium des Tages) erkannten den Todesbezwinger an dem, was er tat. Beim Brechen des Brotes, bei dem Miteinander des Abends und des Alltags, lernten sie den Glauben. So schließt sich der Kreis, vielleicht nicht in idealer »runder Form«, aber die Verheißung der Zukunft wird schon ansatzweise erfahrbar in der Tat heute. Es kommt der Zeitpunkt, wo die Aussage Jesajas in Vers 9: »Zu der Zeit wird man sagen: Siehe ...« zum Heute gehört. Auch dies ist »Osterglaube«.

Möglicher Schluß
Liebe Gemeinde, wie wir uns auch drehen und wenden, die Spannung bleibt erhalten. Da sind die schier unauslöschbaren Bilder und Eindrücke von weinenden, klagenden und ungetrösteten Menschen und auf der anderen Seite – die Rede von einem Gott, der alle Tränen stillt. Wie paßt dies zusammen? Die Diskrepanz erscheint uns unüberbrückbar, aber nur dann, wenn wir das Osterereignis aus den Augen verloren haben. Wir brauchen uns nicht lähmen zu lassen von resignativen Unkenrufen um uns her, unser Blick geht über Tod, Grablegung und Karfreitagsverzweiflung hinaus. Da

gibt es noch ein Jerusalem, nicht das in Palästina, wo die Jünger damals furchtsam und hoffnungslos sich verbarrikadiert hatten, sondern das neue Jerusalem, auf das uns der Seher von Patmos, Johannes, hinweist. »Siehe da«, so heißt es in Offenbarung 21, »siehe da, die Hütte Gottes bei den Menschen! Und er wird bei ihnen wohnen, und sie werden sein Volk sein, und er selbst, Gott mit ihnen, wird ihr Gott sein; und Gott wird abwischen alle Tränen von ihren Augen, und der Tod wird nicht mehr sein, noch Leid noch Geschrei noch Schmerz wird mehr sein; denn das Erste ist vergangen.« (Offenbarung 21,3+4)
Dieser Glaube hat die Christengemeinden im ausgehenden ersten Jahrhundert nach der Zeitenwende getragen, die unter Leid und Verfolgung litten. Auch uns will diese Zusage des österlichen Siegers über den Tod ermutigen, das »trotzige Dennoch« immer aufs Neue zu wagen, ermutigen, auch selbst zu Tröstern zu werden. Dann bleibt auch uns hoffentlich nichts anderes mehr übrig, als einzustimmen in den Lobpreis, mit dem unser heutiger Predigttext schließt: »Das ist der Herr, auf den wir hofften; laßt uns jubeln und fröhlich sein über sein Heil.« (Vers 9)

Kontexte

So zurückhaltend Dichter manchmal sind, das Thema »Tod und danach« beschäftigt sie schon. Vielleicht suche ich selbst eher dort als woanders, sei's drum, gerne gebe ich weiter, was mir hilfreich wurde.
Für unser Thema ergiebig ist das Gedicht von A. Goes »Chronik« in: Lob des Lebens, Stuttgart 1936, S. 137; aber auch in: Aber im Winde das Wort, Union Verlag Berlin 1966, S. 346.
Beachtenswert auch die Anthologie von Kurt Marti, wo er einmal andere zu Wort kommen läßt, »Stimmen vor Tag«, Siebenstern Taschenbuch Verlag München und Hamburg 1965. Dort der Abschnitt »... zum Künftigen seltsame Lust« (S. 133ff.). Geeignet eventuell: S. 135, 139, 143 und S. 145.
Wohl auf der Folie seines Lebens ist es zu verstehen, daß Jochen Klepper den »tränentrocknenden Gott« nicht immer wahrnehmen konnte. Sein »Lied« »Am letzten Sonntag des Kirchenjahres« hat zwar auch das neue Jerusalem zum Thema, aber eben anders. – Jochen Klepper »Kyrie«, Eckart-Verlag Berlin 1965 (14. Auflage), S. 60ff.

Sicher nicht unter die sogenannten christlichen Dichter einzureihen ist Rainer Maria Rilke, aber das folgende Gedicht, das unser Thema berührt, ist eines meiner Lieblingsgedichte, darum sei es – aber nicht nur deshalb – hier weitergegeben:

Immer wieder

Immer wieder, ob wir der Liebe Landschaft auch kennen
und den kleinen Friedhof mit seinen klagenden Namen
und die furchtbar verschweigende Schlucht, in welcher die anderen
enden: immer wieder gehn wir zu zweien hinaus
unter die alten Bäume, lagern uns immer wieder
zwischen die Blumen, gegenüber dem Himmel

(aus: Gedichte des 20. Jahrhunderts »Die Lampe der Toten« C. Bertelsmann Verlag Gütersloh 1952 – Auswahl der Gedichte: Bernt von Heiseler und Reinhold Schneider)

Quasimodogeniti

Annäherungen an den Predigttext Markus 16,9–20

Reinhold Ahr

Es dauert lange, bis zum besseren Verständnis die zwölf Verse (auch mehrmals) gelesen sind. »Predigt das Evangelium aller Kreatur? Das ist doch komisch, wie kann man denn ein Evangelium predigen, da gibt es doch vier davon oder?« Der Sinn des Begriffes der Frohbotschaft ist verlorengegangen, stolz zählt man die Evangelien auf. Das aufrüttelnde Neue, dem Theologen sofort ins dogmatische Auge springend, ist zunächst kein Thema.
Die Folgen, die Zeichen, ja die sind aufregend! Aber »in neuen Zungen reden«, was soll nun das schon wieder? Gnadengaben, charismatische Erneuerung, alles keine gewohnten Begrifflichkeiten. Gut so! So etwas provoziert! »Und Schlangen hochheben, Tödliches trinken, so ein dummes Zeug, das grenzt ja an Zauberei, an Hokuspokus. Hatten die das damals nötig?«
Gute Frage: Zeichen und Wunder des Glaubens, gibt es die noch? »Na ja, Händeauflegen, das ist ja o.k.« In einer Zeit der Wunderheiler und Esoteriker erscheint dieser Gestus vielen Menschen vertraut.
Ein vorsichtiger Versuch, auf den Anfang des Textabschnittes hinzuweisen mit all den theologisch so bekannten Besonderheiten wie die Person der Maria Magdalena oder auf die Tatsache, daß eine Frau als erste den auferstandenen Herrn entdeckte, lösen kein allzu großes Interesse aus.
Dann aber äußert sich ein Erkennen – man weiß *doch* etwas aus der Bibel! »Die Zwei da, waren das die Emma- wie heißt das noch 'mal, ja richtig, die Emmausjünger?«
Zweiter Anlauf. Löst denn etwas den Wunsch nach Widerspruch aus? »Wieso, das ist doch ein Tatsachenbericht, was soll man da widersprechen, das ist doch kein Gleichnis?« und sogleich, ohne Zögern, wird das Gesagte stirnrunzelnd unterstrichen: »Ei sicher glaub' ich das.«
Da staunt derjenige, der den Text schon anders betrachtete, exegetischer Überbau fängt sacht zu schmelzen an. Leuchtet hier vielleicht etwas auf vom frohstimmenden Glanz des Osterglaubens? Antwort auf Nachfragen: »Nur das glauben, was ich sehe? Eigentlich nicht.« Tatsächlich, da hat jemand den Weg der Emmausjünger und die staunende Berührung eines Thomas vielleicht schon hinter sich.

Nimmt es dann wunder, daß die erstaunte Feststellung laut wird: »Daß die das alle nicht geglaubt haben damals, alle die ihn so gut gekannt haben, letztendlich die engsten Mitarbeiter!«
Da hat sich dieser Jesus doch vielleicht auch heute unmerklich, so unerwartet wie damals »geoffenbart«, um »Herzens Härte« zu verändern.

Zum Gottesdienst

Eckhard Herrmann

Theologisch-homiletische Skizze

Quasimodogeniti – Sonntag nach Ostern. Vielerorts werden die Kirchen wieder leer(er). Vom »Feiertagspublikum« ist die Kerngemeinde übriggeblieben; diejenigen, die immer kommen und die selbstverständlich auch Ostern im Gottesdienst waren. Sie kennen die im Text angedeuteten Ostererscheinungen wie auch die Reaktionen (sc. den Unglauben) derer, denen sie zuteil geworden sind und haben die Festtagspredigt (vielleicht) noch im Ohr.
Dies anzunehmen, erleichtert mir – angesichts der verschiedenen Themen, die der Text, jeweils nur kurz, anreißt – die Wahl des Predigtthemas: Taufe (am ›Taufsonntag‹ Quasimodogeniti), Glaube, Ermutigung zu einer christlichen Lebensweise, Wunder, Verkündigung der ›Guten Nachricht‹ in Wort und Tat, Gottes Zusage, uns bei allem, was wir in seinem Namen tun, zu begleiten (»selig« bedeutet: »gesegnet«) ... – der (Predigt-) Möglichkeiten gibt es (immer noch) viele; vielleicht sogar jene, alle Aspekte ›zusammenzubinden‹.
Nichts anderes mögen auch die Verfasser dieses ›späteren‹ Markusschlusses im Sinn gehabt haben, als sie, wohl im zweiten Jahrhundert, das ursprüngliche – offene und traurige – Ende des Evangeliums dem der anderen Evangelien anpaßten und dem Leser damit eine ermutigende Glaubens- und Lebensperspektive gaben. Im Grunde haben sie an den ersten keinen zweiten Schluß, sondern einen Neubeginn angefügt, der auch den Leser zu einem neuen Anfang in seinem Leben als getaufter Christ – *Quasimodogeniti!* – ermutigen kann und soll.
Wer das Angebot dieses Neuanfangs (im Glauben und im Leben) annimmt, kann Wunder selbst erleben und an anderen wirken. Freilich möchte ich mich nicht darauf einlassen, über die im Text aufgelisteten Wunder zu spekulieren – Schlangen anfassen und Gift trinken, ohne Schaden zu nehmen etc. –; vielmehr möchte ich – im Horizont eigener Lebens- und aktueller Gemeindeerfahrungen – die ›kleinen‹ Wunder des Alltags zur Sprache bringen, die wir als Christen hie und da durch unser Reden und Handeln in Gang bringen können.
Das Motto des Sonntags faßt die Aussagen des Textes kurz und treffend zusammen: Gott gibt uns die Möglichkeit, noch einmal von vorne anzufangen ›wie neugeborene Kinder‹; es kann sich deshalb wie ein roter Faden durch den Gottesdienst und die Predigt ziehen.
Für die Lesung des Predigttextes bevorzuge ich eine moderne Übersetzung (›Gute Nachricht‹ oder ›Zink‹) anstelle des etwas sperrigen Luther-Textes.
Schön ist es natürlich, wenn im Gottesdienst eine Taufe stattfinden kann.

Vorschläge zur Liturgie

Begrüßung

›Quasimodogeniti‹ – so heißt dieser erste Sonntag nach Ostern in der Sprache unserer Liturgie. ›Quasimodogeniti‹ – zu deutsch: ›Wie die neugeborenen Kinder‹. ›Wie neugeborene Kinder‹ können wir werden, wenn wir Ostern erlebt und die Botschaft von der Auferstehung Jesu gehört haben. Gott lädt uns dazu ein.

Confiteor

Das Sündenbekenntnis ist aufgrund seiner dem Predigttext entnommenen Formulierung: »Wer glaubt und getauft wird, der wird selig werden« ein unverzichtbares Element dieses Gottesdienstes.
Zu bedenken ist freilich, daß die Reihenfolge ›Glaube – Taufe‹ nur für die Erwachsenentaufe gelten kann. Bei Kindern ist es umgekehrt. Sie sind darauf angewiesen, nach ihrer Taufe zum Glauben hingeführt zu werden, aus den Glaubenserfahrungen anderer zu »lernen« und selber eigene Glaubenserfahrungen zu machen.
Dieses Problem (?) kann in der Predigt zur Sprache gebracht werden.

Gebet zum Kyrie

Gott, höre uns, wenn wir rufen!
Wir verbringen unsere Tage gehetzt von Terminen und Verpflichtungen, gelähmt durch Rückschläge und Enttäuschungen, abgestumpft durch Stillstand und Leere. Fast erstickt ist unsere Unfähigkeit zu hoffen.
Gott, Schöpfer, wir möchten Menschen werden, die auf dich hoffen. Darum bitten wir dich: Pflanze in uns den Keim der Hoffnung; laß uns deine belebende, erneuernde, schöpferische Kraft spüren in unserem Leben.
Kyrie eleison – Herr, erbarme dich.
Wir sind besorgt um unser Leben und unsere Zukunft. Wir sind traurig, weil wir so wenige sind und uneins. Wir sind erschöpft von dem, was uns mißlingt und was wir versäumen. Selten geworden sind Lachen und Freude bei uns.
Gott, Erlöser, wir möchten Menschen werden, die sich freuen und Freude verbreiten. Darum bitten wir dich: Entzünde in uns den Funken der Freude; laß uns fröhlich die Spuren deiner Liebe entdecken, womit du uns und andere beglückst.
Christe eleison – Christus erbarme dich.
Wir geben zaghaft und unsicher Zeugnis von unserem Glauben. Wir zögern, Überliefertes weiterzugeben und anzunehmen. Wir stellen mehr Fragen, als wir Antworten wissen.
Gott, Tröster, wir möchten Menschen werden, die aus Vertrauen leben und Vertrauen schaffen. Darum bitten wir dich: Bringe in uns zum Klingen

die Botschaft, die du uns anvertraut hast; laß uns erfahren und mach uns gewiß, daß du zu uns stehst.
Kyrie eleison – Herr, erbarme dich.
(Quelle: Günter Berndt, in: Zeitschrift für Gottesdienst und Predigt 1/92, Liturgische Texte LT 1)

Lesung
Apostelgeschichte 8,26–39; besonders hervorheben möchte ich – durch ein Präfamen oder eine entsprechende Überleitung zum Credo –, daß der Kämmerer *als Getaufter* seine Reise *fröhlich* fortgesetzt hat.

Lieder
Zum Eingang: »Er weckt mit alle Morgen« (z.B.: Liederheft für die Gemeinde ‹LHG›, Nr. 730, hrsg. i.A. des Landeskirchenrats der Evang.-Luth. Kirche in Bayern, München 1982); vor der Predigt: »Ich bin getauft auf deinen Namen«; nach der Predigt: »Ich weiß, mein Gott, daß all mein Tun« oder: »Ins Wasser fällt ein Stein« (z.B.: LHG, Nr. 678); nach dem Segen: »Tragt in die Welt nun ein Licht« (Text und Melodie: ZGP 6/1983, S. 17).

Vorschläge zur Predigt

Möglicher Anfang
»Wer glaubt und getauft wird, der wird selig werden.« Mit diesem Versprechen Gottes, liebe Mitchristen, endet das Sündenbekenntnis, mit dem wir, wie jeden Sonntag, so auch heute unseren Gottesdienst begonnen haben. »Wer glaubt und getauft wird, der wird selig werden.« Eine Zusage, die wir erwachsenen Menschen mit auf ihren Lebensweg geben können, die sich – wie der ›Kämmerer aus dem Morgenland‹, dessen Geschichte wir vorhin gehört haben –, taufen lassen, nachdem sie zuvor »am eigenen Leibe« erfahren haben, was das für sie bedeuten kann: glauben.
Wir taufen heute meistens Kinder, Säuglinge, die erst nach ihrer Taufe – im Laufe der Jahre – solche Glaubenserfahrungen machen können; Glaubenserfahrungen, die ihnen die Eltern, die Paten und auch wir als Gemeinde durch unser Vorbild ermöglichen.
Deswegen stehen wir unseren Täuflingen gegenüber in einer besonderen Verantwortung. »Wer glaubt und getauft wird, der wird selilg werden.« Dieses Wort können wir auch außerhalb unserer Gottesdienste oft hören; ein bißchen abgewandelt freilich, und vor allem, in ganz anderem – verkehrten – Sinne: »Wer's glaubt, wird selig.«
»Wer's glaubt ...« – das nämlich, was man meint, eigentlich *nicht* glauben zu können, ... das, was für unsere Begriffe unwahrscheinlich ist, ... unvorstellbar, ja unmöglich, ... wer das glaubt, der, so wird behauptet, wird selig werden.

Aber genau das wird er wohl nicht.
Denn selig – der Ausdruck kommt aus dem Althochdeutschen – ... selig sein, bedeutet: gesegnet sein; von Gott mit der festen Zusage beschenkt sein: »Ich bin bei dir alle Tage, bis ans Ende der Welt.«

Zum weiteren Verlauf
(1) Ein kurzer exegetischer Exkurs
Wir wissen nicht, aus wessen Hand unser heutiger Predigttext stammt. Der Evangelist Markus hatte sein Evangelium eigentlich ganz offen enden lassen, indem er schilderte, welches Entsetzen und welche Angst die Freundinnen und Freunde Jesu ergriff, nachdem sie sein leeres Grab entdeckt hatten. Wie es danach weiterging, davon erfahren wir bei Markus nichts.
Ein paar Jahrzehnte nach Markus erweiterten Menschen, die die Sache Jesu weiterbringen wollten, das Evangelium um eben jenen Abschnitt, den wir vorhin gehört haben. Sie wollten damit sagen: ›Die Geschichte Gottes mit uns Menschen war mit dem Tod Jesu nicht zuende, sondern sie hat von Neuem begonnen‹; und sie beginnt immer wieder von Neuem, nämlich dort, wo wir Gott in unserem Leben begegnen und uns von ihm anregen und anstoßen lassen, seine Geschichte mit uns durch unser Reden und Handeln weiterzuschreiben.

(2) Menschen können in ihrer Umwelt Zeichen setzen, weil Gott in unserem Leben Zeichen setzt
(a) Mit der Auferweckung Jesu Christi hat Gott gegen den Tod ein Zeichen für das Leben gesetzt.
(b) In der Taufe hat Gott in unserem Leben ein wichtiges Zeichen gesetzt: er hat uns als seine Kinder angenommen und uns seine Begleitung zugesagt.
(c) In vielen Lebenssituationen setzt Gott immer wieder ›kleine‹ Zeichen (›Wunder‹), indem er uns beispielsweise hilft, Lasten zu tragen, Auswege zu finden und Neues zu entdecken.
Mit seinen Gaben macht er uns aber auch Mut, selbst eine wichtige, eine notwendige, eine die Not wendende Aufgabe zu übernehmen: in seinem Namen und im Vertrauen auf seine Hilfe können und sollen wir für ›alle Kreatur‹ eintreten.
Die Luther-Zitate (siehe ›Kontexte‹) bringen diese Aufgabe eindrücklich ins Bild.

(3) Wer als Gesegneter lebt, kann für andere zum Segen werden.
Hier kann nun an aktuellen Beispielen entfaltet werden, wie und wo Christen Zeichen setzen, vielleicht sogar Wunder wirken, auf jeden Fall aber für sich und andere Neuanfänge ermöglichen können: Umgang mit Ausländern und Asylsuchenden, Bewahrung der Schöpfung, Solidarität mit Armen und von Armut bedrohten hierzulande und in aller Welt, Eintreten

für den Frieden etc.; möglicherweise können Ereignisse zur Sprache gebracht werden, die die Gemeinde und die Kirche vor Ort direkt betreffen. Solche Beispiele gelungener Verkündigung in Wort und Tat können andere ermutigen, sich auf einen Neuanfang im Glauben einzulassen, wenn sie spüren, daß dieser Glaube schöpferische und verändernde Kräfte freisetzen kann.

Möglicher Schluß
Gott will das Leben. Deswegen begleitet, ja hilft er uns und allen, die sich für das Leben einsetzen. Deswegen gibt er uns seinen Segen mit auf unseren Weg. Deswegen sind wir ›selig‹.

Kontexte

(1) Auf der Suche
Neueste Forschungen zur Frühgeschichte des Urchristentums haben zu aufsehenerregenden Entdeckungen geführt. Man glaubt heute, dem Geheimnis der ersten Christen auf der Spur zu sein. Offensichtlich haben sie etwas besessen, das heute verlorengegangen ist, aber die bemerkenswerten Phänomene der Frühzeit erklärt. Ob es sich dabei um eine besondere Droge, eine autosuggestive Spezialtechnik oder ein akupunkturähnliches Verfahren handelte, ist noch nicht genau erforscht. Manches scheint dafür zu sprechen, daß die Anwendung unter Wasser erfolgte. Gerade das erste Auftreten der genannten Phänomene liegt im Dunkeln, da es nachweislich hinter verschlossenen Türen unter starken Sicherheitsvorkehrungen stattfand. Die Wirkungen waren jedoch außerordentlich beeindruckend, wie die Quellen zuverlässig bezeugen. Nicht nur, daß erhebliche geistige und körperliche Kräfte freigesetzt wurden, offensichtlich waren auch persönlichkeitsverändernde Einflüsse zu verzeichnen, so daß wir heute von einem Bündel psychosomatischer, sozialer und politischer Folgewirkungen ausgehen müssen.
Angesichts dieser Entdeckungen nimmt es nicht wunder, daß mittlerweile eine fieberhafte Suche nach den Auslösern dieser Erscheinungen eingesetzt hat. Experten sind der Meinung, daß die Wiederentdeckung dieser alten Kräfte ein entscheidender Schritt für die Überwindung der gegenwärtigen Krise sein könnte.
(Klaus Roos, Habt ihr keine Ohren, um zu hören?, Matthias-Grünewald-Verlag, Mainz, 1990.)

(2) Anpassung
Die Menschen, das ist bemerkenswert,
gleichen immer mehr
den Schaufensterpuppen.
Kein Wunder,
daß die Schaufensterpuppen
immer lebensechter aussehen.
    Die eigenen Meinungen, die man
    auf Partys hören kann,
    stammen aus dem Fernsehen.
    Kein Wunder,
    daß das Fernsehen genau
    der Meinung der Leute entspricht.

Die Touristen knipsen
immer dort, wo die Landschaften
den Ansichtskarten gleichen.
Kein Wunder,
daß die Natur die Reisenden
fast ein wenig enttäuscht.

Und was die Christen angeht,
so machen sie sich kaum
noch irgendwo bemerkbar.
Kein Wunder,
daß die Schlagerbranche
sich der Wunder annimmt.

(Lothar Zenetti, Die wunderbare Zeitvermehrung, Verlag J. Pfeiffer, München 1983², S. 49)

(3) Herr, wir wollen glauben

Herr, wir wollen glauben, daß du lebst.

Aber wir rechnen nicht damit, dir zu begegnen. Wir haben keine Freude am Gespräch mit dir und werden unseres Glaubens nicht froh.

Herr, vergib uns unseren Unglauben!

Herr, wir möchen uns darüber freuen, daß du uns liebst.

Aber weil wir uns nichts schenken lassen wollen, weil wir zu stolz sind, in deiner Schuld zu stehen, verkümmert unsere Freude.

Herr, vergib uns unseren falschen Stolz!

Herr, wir wollen Zeugen sein für deine Liebe und deine Macht. Wir wissen, daß wir es dir schuldig sind.

Aber weil jeder seinen Namen für wichtiger hält als deinen Namen, bleiben wir stumm.

Herr, vergib uns und hilf uns zurecht.

(Friedrich Walz, Das Leben ist der Weg. Gedanken für Zeit und Ewigkeit, hrsg. v. Helmut Winter, München 1985, S. 24)

(4) Wie die Dinge so liegen

Aufgrund des Zustandes der Welt
hätten wir nicht einmal das Recht,
den Namen Jesu von Nazareth
in den Mund zu nehmen.

Die Dinge in unseren Häusern
stehen nicht einmal einen Tag so,
daß wir mit Recht bitten könnten,
Jesus solle unser Gast sein.

Betrachten wir daher lieber
uns und unsere Handlungen
mit der gebotenen Sorgfalt,
damit wir erkennen,
daß uns noch sehr viel dazu fehlt,
Söhne und Töchter Gottes zu sein.
Daß von unserem Christentum
recht wenig zu spüren ist.

Unsere Bemühungen sind sicher
aufrichtig und ernst gemeint,

aber ihre Folgen sind leider
zumeist eher unansehnlich.
Aufgrund des Zustandes der Welt
steht es uns also zu, zu sagen:
daß wir Fehler machen
und immer wieder machen werden.
Wie die Dinge so liegen,
haben wir nur das Recht,
zu bereuen und zu sagen,
daß wir lieber
noch einmal von vorne
anfangen wollen.
(Eric Hultsch, Wenn Gott spricht, Gütersloher Verlagshaus, Gütersloh 1978, S. 13)

(5) Gedanken zur Taufe als Gabe und Aufgabe (frei nach Luther)

»Jeder soll es mit der Taufe halten wie mit einem Kleid, das er jeden Tag, immer und bei jeder Gelegenheit trägt.«

»Ein Christ soll so etwas sein wie ein neues Geschöpf, ein neu geschaffener Mensch, der anders redet, denkt und urteilt über allerlei Sachen als die Welt das tut.«

Miserikordias Domini

Annäherungen an den Predigttext Johannes 21,15–19

Günter Gottschämmer

Das Gespräch wurde geführt in der Arbeitsgruppe Kindergottesdienst der Evangelischen Johannesgemeinde Darmstadt (Fernande Dilfer, Günter Gottschämmer, Anneliese Handel, Markus Seeger, Thomas Seeger).

1. »Gleich die erste Frage, die Jesus stellt, finde ich ärgerlich! Mich ärgert daran, daß er den Vergleich sucht: ›Liebst du mich mehr als diese?‹«
»Das deckt sich auch mit meiner Lebenserfahrung; und das ist eine leidvolle Erinnerung. Wenn so Vergleiche kommen und Fragen wie: ›Ist dein Glaube auch so gut wie meiner?‹, dann macht mir das unheimlich Druck. Das kann ich nicht gut haben, und mich ärgert so etwas.«
»Ja, und ich denke, es wertet die anderen ab. Mir gefällt das auch nicht. Und wie Sie gesagt haben: Man kriegt ganz schön Druck dadurch. Freudiger würde ich da nicht glauben!«
»Aber irgendwie ist es doch wie unter Geschwistern.«
»Es ist ein Wetteifern. – Aber das will man auch nicht haben. Das gehört sich nicht. Das ist fast unanständig.«

2. »Mir fällt da noch etwas anderes dazu ein: Vielleicht wollte er den Petrus ja auch testen. Der ist ja immer so spontan, der Petrus, und nimmt immer den Mund so voll. Ich denke da an die Geschichte vom Verrat, wo Petrus gerade noch lauthals bekennt, wie sehr auf ihn Verlaß sei. Und als es darauf ankommt, versagt er schmählich. – Hier ist es anders: Petrus antwortet – für seine Verhältnisse – ganz schlicht. Er hätte ja auch sagen können: Natürlich, Jesus, natürlich liebe ich dich mehr als die anderen. Was denkst du eigentlich von mir! Allemal habe ich dich lieber!«
»Dann hätte Petrus hier den Test bestanden. – Aber Jesus braucht doch eigentlich gar keinen Test. Der weiß doch die Antwort, bevor er fragt. Petrus weiß das ja auch selbst, wenn er sagt: ›Herr, du weißt alle Dinge; du weißt, daß ich dich liebhabe.‹ Und dann fragt Jesus dreimal! Warum tut er das!«
»Mir liegt die Geschichte auch quer! *Dreimal zu fragen!* Entweder Jesus pädagogisiert den Petrus. Oder er glaubt ihm nicht.« –

»Ja, oder er gibt Petrus ganz einfach Zeit zum Überlegen; dadurch, daß er ihn drei Mal fragt, kann sich Petrus seine Antwort aus verschiedenen Richtungen ansehen und abspüren. Er kann dazwischen immer noch einmal Luft holen und nachdenken; und dadurch braucht der Petrus den Mund nicht auf einmal so voll zu nehmen!«
»Ich habe einmal dazu eine Auslegung gehört, die mich seitdem sehr bewegt. Nach dieser Auslegung gibt es im Griechischen verschiedene Verben für das Wort ›lieben‹. In den ersten beiden Fragen, die Jesus stellt, ist die ›hingebende Liebe‹ gemeint, während Petrus dann antwortet mit ›ich habe dich lieb wie einen Freund‹. Danach wäre Petrus nur zu dieser Liebe wie der eines Freundes in der Lage, nicht aber zur hingebenden Liebe.«

3. Vielleicht hat der Abschnitt auch noch eine ganz andere Bedeutung. Vielleicht geht es Jesus hier darum, sein Haus zu bestellen. Er ordnet seinen Nachlaß. Die Geschichte spielt ja nach der Auferstehung; er weiß, daß er seine Sachen regeln muß, damit es weitergeht. Dann läge der Schwerpunkt auf dem ›Folge mir nach‹; dann wäre es so etwas wie eine Kirchengründungsgeschichte.

4. »Ich verstehe den Bruch zwischen Vers 17 und 18 nicht. Bis Vers 17 gibt Jesus den Auftrag: ›Weide meine Lämmer.‹ Das ist ein toller Auftrag. Aber dann sagt er ihm, daß er sterben würde, wenn er diesen Auftrag erfüllt. Wie kann Petrus das noch gut finden!«
»Vielleicht ist das eine letzte Zuspitzung. Dreimal fragt Jesus den Petrus; immer wieder bekennt dieser seine Liebe. Und dann macht Jesus ihn mit der *härtesten Konsequenz seiner Liebe* vertraut. Er konfrontiert ihn damit, daß er sterben wird für diese Liebe. Und er läßt ihm angesichts dieser Härte die Möglichkeit, seine Liebe noch einmal zu überprüfen.«
»Jesus fordert in dieser Geschichte auch die grenzenlose Liebe. Es ist eine Liebe ohne Wenn und Aber, die Jesus erwartet. Sie soll sogar so groß sein, daß Petrus auch dahin mitgeht, wo er nicht hinwill. – Deshalb mußte Jesus vielleicht auch dreimal fragen, nämlich um den ungeheuren Anspruch an Petrus klarzustellen.«
»Es ist ein ungeheurer Anspruch und es ist ein unglaubliches Versprechen, das Petrus gibt. – Ich denke daran, daß ich meinem Mann damals versprochen habe ›bis daß der Tod euch scheidet‹. Man sagt ›Ja‹, aber so genau, wie das geht, das weiß man ja nicht. Und wenn die Jahre so dahingehen, manchmal sagt man ›Jein‹ – und ich sag mir dann immer: ›In guten und in schlechten Zeiten‹. – Es bleibt ein ungeheures Versprechen, und vielleicht ging es dem Petrus damals auch so.«
»Das ist aber ganz schön hart von Jesus! Und auch ein bißchen unfair. Erst lockt er ihn mit der dreimaligen Frage auf die Fährte und dann droht er ihm mit dem Tod!«

5. »Hat es etwas zu bedeuten, daß er erst *die Lämmer weiden* soll und dann die Schafe?«
»Ich verstehe nicht, wie Jesus das meint, wenn er – fast geschäftlich – sagt: ›Hast du mich lieb? – Weide meine Schafe!‹ Das paßt irgendwie nicht zusammen. Das klingt sehr hart.«
»Da wird auch viel Vertrauen in den Petrus gesetzt. Denn was Jesus von ihm erwartet – weide meine Schafe – heißt auch: Er soll *leiten und führen*. Das macht ihn auch einsam; er steht in großer Verantwortung.«
»Irgendwie finde ich es besser, wenn Verantwortung aufgeteilt wird, wenn nicht einer befiehlt und alle gehorchen. Das ist für die vielen leichter zu ertragen. Und es ist auch für den einen leichter, weil er nicht dauernd unter dem großen Druck steht, daß alles von ihm abhängt.«

6. »Mir war die Geschichte immer ein bißchen fremd, weil ein Mann den andern Mann fragt: ›Hast du mich lieb?‹ Mir würde das schwerfallen, so direkt zu fragen. Das mag damit zusammenhängen, daß ich es nicht gewohnt bin, die Frage nach *homosexuellen Zusammenhängen in der Bibel* zu stellen.«

Zum Gottesdienst

Wolf-Dietrich Hardung

Theologisch-homiletische Skizze

In den »Annäherungen zum Text« fällt auf, daß die Sprecher den biblischen Bericht nicht einfach zustimmend zur Kenntnis nehmen, sondern daß sie ihm zunächst kritisch begegnen. Es ist die Aufforderung zur Liebe, die auf vielfache Weise Unbehagen auslöst. Kann die Liebe des einen die Liebe der anderen Jünger übertreffen? Wird Petrus geprüft und besteht er dadurch die Prüfung, daß er niemanden übertreffen will? Das schlichte Ja zur Liebe, genügt es ihm?
Am eindrücklichsten aber ist die Entdeckung eines »Bruchs« zwischen Vers 17 und 18. Den Gesprächspartnern wird bewußt, daß sich die Prüfung auf die Tragfähigkeit der Liebe bezieht. Daher wohl auch die dreimalige Frage an Petrus.
Alle vorhergehenden Aussagen des Osterberichts im 21. Kapitel zielen auf diese Frage hin, ob denn wohl die Liebe des Hirten – also des verantwortlich Führenden – tragfähig genug ist im Angesicht dessen, was es dabei zu erleiden gibt.
Das Johannes-Evangelium – darin gibt es weitgehend Übereinstimmung in der Forschung – deutet eine Zeichen- und eine Passionsquelle präsentisch. Das gilt auch für das 21. Kapitel, einen Gemeindenachtrag zum Ostergeschehen in Galiläa.
Präsentisch aber heißt: die frühen Christen beziehen das, was da geschehen ist, auf ihre Gegenwart. Also nicht nur Petrus wurde nach der Tragfähigkeit seiner Liebe gefragt, sondern auch sie selbst werden vor die Frage gestellt, wie tragfähig ihre Liebe in Todesbedrängnis sein würde.

Das Johannes-Evangelium berichtet also nicht nur von den wunderbaren Begebenheiten um Jesus Christus und erweist ihn als Heiland der Welt mit der Aufforderung, an ihn zu glauben. Sondern das Evangelium stellt die Lesenden in die Reihe der Jünger und fragt sie, ob sie bereit sind, die Verantwortung der Liebe zu tragen. Denn Liebe äußert sich immer zugleich als Verantwortung für die Mitmenschen, wie ein Hirte für die Herde veranwortlich ist.
So schlägt das Evangelium auch heute seine Leser in den Bann. Es fällt gleichsam mit der Tür ins Haus und fragt uns: Wie steht es mir dir? Liebst du ihn? Liebst du ihn wirklich? Und bedenke, würdest du auch dann lieben, wenn es dich viel, wenn es dich sehr viel kosten würde? – Nur Gott allein, der unsere Herzen kennt, weiß, ob wir dazu wirklich Ja sagen könnten. Daher können wir immer nur ein angefochtenes Ja geben, wie das auch bei Petrus der Fall war.
Zur Anfechtung können aber auch die Menschen um uns und die Christen in unserem Umfeld werden. Denn den einen wird es leicht gemacht. Sie müssen den bitteren Kelch des Leidens nicht trinken. Andere werden nicht verschont.
Über unseren Text hinausgehend stehen Petrus und Johannes in einem solchen Spannungsverhältnis. Die Nachfolge des Petrus beinhaltet seinen Tod als Zeuge Christi. Von Johannes aber spricht Jesus zu Petrus: »So ich will, daß er bleibe bis ich komme, was geht es dich an.« (Johannes 21,22) Und das heißt: Petrus wird als Zeuge sterben, Johannes aber wird am Leben bleiben.
Die Gerechtigkeit, die hier gilt, ist die Gerechtigkeit der Liebe. Je mehr Liebe, desto mehr Belastbarkeit. In dieser Gerechtigkeit der Liebe hat Jesus gelebt. In ihr ist er auch gestorben. So nehme, wer ihm nachfolgen will, sein Kreuz auf sich und folge ihm.
Das aber ist ein Wort, welches wir nicht gelassen aussprechen können, schon gar nicht in einer Predigt. Es wird also darauf ankommen, diese Liebe und ihre Gerechtigkeit anschaulich zu machen für unsere Zeit. Das kann, wie im folgenden Predigaufriß vorgeschlagen, durch ein zeichenhaftes Lebensbeispiel geschehen.

Vorschläge zur Liturgie

Der zweite Sonntag nach dem Osterfest, Miserikordias Domini, ist ganz auf die Osterverheißungen eingestellt. In machen liturgischen Überlieferungen wird diese Zeit als »Osterfreudenzeit« gekennzeichnet. Auch die präsentische Osterverkündigung von der bleibenden Liebe Christi bis in das Martyrium hinein ist dieser Osterfreude zugeordnet. In manchen Gemeinden muß bedacht werden, daß an diesem und an den folgenden Sonntagen Konfirmanden auf ihren nachösterlichen Konfirmationstermin vorbereitet werden. Die Auswahl der Lieder und Gebete wird diesen Überlegungen Rechnung zu tragen haben.

Grußwort
Johannes 10,27 u. 28 Christus spricht: »Meine Schafe hören meine Stimme, und ich kenne sie, und sie folgen mir; und ich gebe ihnen das Ewige Leben.«

Lieder
EKG 78,1–5 »Gelobt sei Gott im höchsten Thron«
EKG 81,1–3 »Mit Freuden zart«
EKG 82,1,2,4,5 »Wir wollen alle fröhlich sein«
EKG 84,1–3 »Wir danken dir, Herr Jesu Christ«

Eingangsgebet
Lieber Vater unseres Heilandes Jesus Christus!
Wir danken dir für die Osterfestzeit.
Wir gedenken der Freude, welche die ersten Zeugen
der Auferstehung Jesu Christi erfüllte.
Sende uns auch in unseren Tagen die Freude und
Hoffnung der Osterzeugen durch den Heiligen Geist.
Die Welt, in der wir leben, ist zugleich herrlich
und bedrohlich. Darum wird unser Herz hin- und
hergerissen zwischen Lebensfreude und Mutlosigkeit.
Du kannst die Herzen wandeln. Erneuere uns auch
in diesem Gottesdienst durch die Kraft des Heiligen Geistes.

Schlußgebet
Lieber Gott!
Die Osterbotschaft schließt uns die Zukunft auf,
verheißungsvoll auch in allem Schicksalhaften
und Schweren.
Mache unsere Augen hell, daß wir das Osterlicht
erkennen, welches uns von Christus her erleuchtet,
und mache unsere Ohren hellhörig für die
leise Stimme seiner Liebe und Güte.
Gib auch denen, die von Krankheit, Hunger,
Krieg und Gewalt bedroht sind, die
mächtige innere Kraft des Heiligen Geistes,
in all' dem standzuhalten und zu überwinden.
Schenke jenen und uns unerhoffte Freude
und unentwegten Glauben;
wie Blüten, die plötzlich am Rande einer
Straße stehen, am Rande der Straße unseres Lebens.

Vorschläge zur Predigt

In Teil A möchte ich den Leser nicht nur mit der Einganspassage meines Predigtentwurfs bekannt machen. Sondern ich will gleichsam als auswechselbaren Teil eine Begebenheit erzählen, die das Problem des Zeugnisses in unsere alltägliche Umwelt versetzt. Dies ist also ein Martyrium im Sinne unserer Umgangssprache und zugleich im Sinne der christlichen Überlieferung.

Teil A

Liebe Gemeinde,
was wir eben gehört haben, ist Teil einer nachösterlichen Geschichte, gleichsam ein Nachtrag des Johannes-Evangeliums. Sie trägt aber nicht nur österliche Züge, in dem sie von der Erscheinung des Auferstandenen in Galiläa berichtet, sondern sie spricht auch vom Altern und vom Zeugentod des Apostels Petrus.

Die alte Kirche hat freilich diese Geschichte nicht nur erzählt, um den Apostel, seine führende Rolle und seinen Zeugentod zu ehren.

Sondern in die Gestalt des Petrus versetzten sich selbst die ersten Christen und ließen sich so fragen: Hab' ich ihn lieb, den Jesus von Nazareth und hab' ich ihn lieb bis in den Tod? So gestellt ist dies auch eine Frage an uns.

Nur daß sich die Zumutung der Zeugenschaft bis in den Tod in unserer Umwelt völlig anders, privater, darstellen wird.

Wir können uns das an einem Lebensabriß verdeutlichen: Eine Studentin liebt einen mittellosen Fremden. Um in der Ehe mitsorgen zu können, gibt sie ihr Studium auf. Sie arbeitet und verdient mit für ihren Mann und ihre Kinder. Der Mann wird eigenartig. Es stellt sich heraus, daß er psychisch krank ist. Er kann nicht mehr arbeiten. In der freien Zeit ist er mit einem jungen Mädchen zusammen. Dieses bekommt ein Kind von ihm. Das Mädchen mit Kind hat keine Unterkunft. Die Ehefrau nimmt zeitweilig beide auf. – Sie ist ja Christin. Sie sieht in ihrem Mann und dem Mädchen die Schwächeren und will für sie da sein. – In der Zwischenzeit sind ihre eigenen Kinder herangewachsen. Der Druck von Sorge und Fürsorge läßt nach. Da erkrankt die Frau an einem unheilbaren Krebs. In wenigen Wochen und Monaten wird sie nicht mehr da sein; geführt, wohin sie nicht will!

Immer in ihrem Leben war sie die Starke. Sie hat geführt, versorgt, verziehen. Nun, da sie von ihrer Liebe ernten könnte, muß sie fort, gebunden durch eine unerbittliche Krankheit.

Teil B

Die Predigt kann nun weitergeführt werden mit der Frage nach Gottes Gerechtigkeit. Jesus begegnet dieser Frage nicht, indem er Gott anklagt, sondern er bittet. Er betet zu Gott um Beseitigung der Ungerechtigkeit. So ist seine Hilfe am Teich Betesda zu verstehen (Johannes 5,1–18). So hilft er der Frau, die wegen Ehebruchs sterben soll. Zugleich ist dies eine Befreiung von Schuld (Johannes 8,1–17).

Jesus selbst begegnet dem Unrecht in seinem Leben nicht, in dem er sich dagegen auflehnt, sondern indem er ihm standhält (Johannes 10,10–13).

Seine Gerechtigkeit ist von der Liebe geprägt, das heißt von der Verantwortung gegenüber seinen Mitmenschen (Johannes 13,34–35).

In diesem Sinne könnte noch einmal auf die Beispielgeschichte am Anfang der Predigt verwiesen werden.

Teil C
Der *Abschluß der Predigt* hat bei mir folgenden Wortlaut:
Überall dort, wo uns Nachrichten erreichen vom Unheil und von der Ungerechtigkeit in diesem Leben, ist Jesus im Geiste bei uns und fragt: »Hast du mich lieb?«
Angesichts des Mordens in Sarajewo und Restjugoslawien: Wie ungerecht erscheinen dort die Geschicke der Einzelnen verteilt. – Oder angesichts der Ansteckung durch von Aids verseuchten Blutkonserven: da wird einer angesteckt und der andere kommt davon.
Eine unheimliche, ungerechte Welt, in der wir leben! Aber wenn wir auf die Seite von Jesus treten, werden wir nicht lamentieren und anklagen.
Wir werden nicht hassen. Wir werden die Kraft des Heiligen Geistes empfangen um zu vertrauen, zu hoffen und möglichst zu helfen.
Es wird uns gegeben sein, die Bitten des Vaterunsers immer bewußter zu beten: Dein Reich komme, dein Wille geschehe wie im Himmel so auf Erden.
Die ersten Christen haben angesichts des Bösen und der Ungerechtigkeit dem guten Willen Gottes, unseres Schöpfers, vertraut. Sie haben dieses Vertrauen und diesen Glauben die Frohe Botschaft genannt, das Evangelium von Jesus Christus dem Gekreuzigten und Auferstandenen, ihrem und unserem Herrn.

Jubilate

Annäherungen an den Bibeltext
1. Mose 1,1–4a.26–31; 2,1–4a

Joachim Schnell

Im August/September 1992 wurden mehrere kirchlich interessierte Laien (Frauen und Männer in etwa gleicher Zahl; keine Akademiker) einzeln befragt.
Nach Verlesung des Textes wurden die folgenden Fragen diskutiert.

1. Was fällt mir spontan sein?
   Antworten:
   - alles ist sehr komprimiert dargestellt und sehr vereinfacht
   - Mensch ist als Ebenbild Gottes geschaffen worden – kann ich daraus schließen, wie Gott aussieht?
   - Schöpfung ist eine unglaubliche Leistung: Ist das von einer einzigen Person geschafft worden?
   - statt ›Mann und Weib‹ wäre ›Mann und Frau‹ besser

2. Was finde ich rätselhaft?
   - die Einfachheit der Darstellung: Ist das eine besondere Absicht?
   - Gott spricht mit dem gerade geschaffenen Menschen und gibt ihm seine Aufgaben (zu herrschen etc.): keine Ruhepause im Paradies?
   - Gott schwebt über dem Meer?
   - die vielen Wiederholungen im Text

3. Worüber wünsche ich mir weitere Informationen?
   - Mit wem spricht Gott, als der Mensch noch nicht geschaffen war (›Laßt uns Menschen machen …‹)?
   - Mehr Informationen über die Art und Weise der Schöpfung (Wie Gott das gemacht hat)
   - genauere Beschreibung des Entwicklungsprozesses und des Aussehens der Natur und des ersten Menschen
   - Wer hat das gesehen und aufgeschrieben?

4. Worauf würde ich den Text heute beziehen?
   - Gott sagt: Der Mensch soll sich die Natur untertan machen, aber sie nicht zerstören. Für mich wichtig: Bezug zum Umweltschutz
   - Mensch soll sich vermehren: Problem der Überbevölkerung
   - Mensch hat laut Gott genug zu essen / Gott hat genug Nahrung geschaffen: Ernährungsproblem in der 3. Welt
   - Natur untertan zu machen heißt nicht, daß die Menschen sich gegenseitig bekämpfen sollen
   - Gott ruhte am 7. Tag (Sonntag). Aber genau gesehen können das die meisten Menschen auf der Erde nicht; sie müssen arbeiten, um zu überleben.

Zum Gottesdienst

Heidi Kell

Theologisch-homiletische Skizze

Die Perikopenabgrenzung zerreißt natürlich den Gesamtzusammenhang des Schöpfungsberichts. Die Lesung der gesamten Schöpfungsgeschichte im Gottesdienst leistet demgegenüber zweifellos eines: Durch den litaneiartigen, monotonen Stil des Textes wird ein Stück priesterschriftlicher Theologie für die Gemeinde erfahrbar, daß nämich alles Leben eingebettet ist in eine sorgsam differenzierte Ordnung, die durch das Chaos des Alltags hindurchträgt, es zurückdrängt und bändigt.
Es geht indes auch ohne diese Erfahrung, und die vorgeschlagene Perikope ist in ihrer Kürze eine Chance, einen veränderten Blick auf die Schöpfung zu werfen: Deutlich zutage tritt nun der Spannungsbogen von der Ruhe am Anfang (Vers 2) zur Ruhe am Schluß (1. Mose 2,3), von den weiblich-männlichen Gotteskräften am Anfang (die Tehom-Ruah auf der einen, der wortschaffende, Ordnung setzende Schöpfergott auf der anderen Seite) zur weiblich-männlichen Menschheit am Ende. Innerhalb dieses Rahmens (Vers 1.1 und 2,4a) ist die Rede von den Grundgegebenheiten der Schöpfung, Tehom und Ruah/Urflut und Geist, von den Schöpfungswerken Licht (erster Tag), Tiere, Würmer, Menschen (6. Tag) und dem Sabbat (7. Tag). Diese Theologie spricht hinein in die Situation des babylonischen Exils des 6. Jahrhunderts. Die Angehörigen der israelischen Oberschicht leben dort als Deportierte und fangen an zu zweifeln, fragen nach Gottes Nähe und Geschichtsmächtigkeit. Der Glaube der Väter scheint für die Töchter und Söhne im Exil nicht mehr zu taugen. Die babylonische Kultur hingegen hat ihre Antworten auf solche Fragen gefunden und feiert das jedes Jahr mit einem großen Frühjahrsfest, bei dem der Weltschöpfungsmythos enuma elisch rezitiert wird. Die Welt ist demnach aus einem Götterkampf entstanden: Himmel und Erde aus der geschlachteten Göttin Tiamat, der Mensch aus Götterblut und Lehm. Seine Aufgabe besteht darin, den Göttern die Arbeit abzunehmen (T. Jacobsen, Treasures of Darkness. A History of mesopotamian Religion. 1976, S. 168–183). Wie mag diese jährliche Demonstration babylonischer Götter auf die Exilsgemeinde gewirkt haben! P entwirft in dieses Umfeld hin-

ein eine Widerstandstheologie, die sich abgrenzt gegen babylonische Theologie, aber auch gegen ältere Traditionen.
Dazu gehört, wie Vers 1 zeigt, auch das Wissen um die weiblichen Gotteskräfte Tehom und Ruah (s. auch Sprüche 8,22ff. und Weisheit 9,9. Dabei wird Frau Weisheit mit Gottes Geist identifiziert.) Tehom und die darüber schwebende Ruah sind die Mater oder Materie, aus der Gott die Welt schafft. (Schüngel-Straumann in: Feministische Theologie. Hrg. Maria Kassel, 1988, S. 61). Die nachfolgenden Schöpfungswerke, das Ordnen, Scheiden, Klassifizieren erinnern an das Zerteilen der Göttin Tiamat. Aber P schildert keinen Chaoskampf. Die Urkräfte werden durch die Schöpfung eingewiesen in eine Ordnung, die der Schöpfer bestimmt und garantiert. Die positive Bewertung der Schöpfung und die alle geschichtlichen Katastrophen umgreifende Ordnung soll die Gemeinde im Exil ermutigen (W. Schottroff in GDP Erg.-Band Exegesen zur V. Perikopenreihe 1988, S. 82). Auf die Sinnkrise der Gemeinde antwortet der Text mit einem Sinnangebot: Laßt uns Menschen machen, sagt Gott zu sich (klingt im hebr. Plural elohijm noch das Wissen an, daß es zur Schöpfung neuen Lebens zweier Kräfte bedarf?) und schafft den Menschen, also Mann und Frau »zum Bilde Gottes« (Luthertext), also auf ein Ziel hin, nämlich Repräsentant und Repräsentatin Gottes in der Schöpfung zu sein. Über den sog. Herrschaftsauftrag (Vers 28) ist viel diskutiert worden, gerade im Blick auf die Umweltkrise seit den 70er Jahren. Die Übersetzung in der Guten Nachricht beugt Mißverständnissen vor: »Ich setze euch über (...) alle anderen Tiere und vertraue sie eurer Fürsorge an.« Was Herrschaft heißt, ist durch das Wesen Gottes bestimmt, zu dessen Bild der Mensch geschaffen ist. Der Mensch soll über die Schöpfung herrschen, wie Gott über sie herrscht: Fürsorglich und bewahrend. Dies wird noch betont durch die Begrenzung auf rein pflanzliche Nahrung: Früchte für die Menschen, Gras und Blätter für die Tiere – Grundlage für den Frieden in der Schöpfung. Die kann denn als Höhepunkt des Berichts, am Sabbat, auch zur Ruhe kommen. Der Ruhe des Sabbats steht die Unruhe des »Und es war sehr gut« (Vers 4a, 25, 31) entgegen. Die Vergangenheitsform scheint auf etwas Verlorenes zu deuten und damit zugleich auf etwas wiederzugewinnendes zu weisen: Den Frieden mit der Natur, die Gleichheit von Mann und Frau in ihrem Schöpfungsauftrag, das Teilen der Lebensgrundlagen mit den Mitgeschöpfen.
Der Name des Sonntags weist in dieselbe Richtung: Jubilate, jubelt, freut euch! Die Gemeinde soll Lust haben, die Kirche auch wieder zu verlassen und Mut, den Alltag zu bestehen. Dem ist nicht dienlich, die Umweltkatastrophen auszumalen – darüber ist selbst die Kindergottesdienstgemeinde bestens informiert. Aufbauend wird eher sein, die positiven Visionen des Textes zu ent-decken. Zur Kirchenjahreszeit: Jeder Gottesdienst bis 1998 ist ein Gottesdienst innerhalb der oekumenischen Dekade »Solidarität der Kirchen mit den Frauen«. Der Gottesdienst sollte eine gedankliche Einheit sein, hier vom Predigttext her entworfen: Ich blicke in die Schöpfung Gottes – und suche meinen Ort, und frage nach dem Sinn.

Vorschläge zur Liturgie

Votum

Im Namen Gottes, der unser Leben schafft, im Namen Jesu, der uns leben lehrt, im Namen des Heiligen Geistes, der uns die Kraft dazu gibt.

Psalm

Männer und Frauen können die Hallelverse im Wechsel sprechen und dazwischen das Laudate dominum singen:

(»Gesang aus Taizé« – Musik: J. Berthier, © Les Presses de Taizé. Deutsche Rechte: Christophorus-Verlag, Freiburg i.Br.)

– Danket dem Herrn, denn er ist freundlich
  und seine Güte währet ewiglich.
  LAUDATE DOMINUM!
– Vom Aufgang der Sonne bis zu ihrem Niedergang
  sei gelobt der Name des Herrn!
  LAUDATE DOMINUM!
– Der Herr denkt an uns und segnet uns; er segnet
  die den Herrn fürchten, die Kleinen
  und die Großen.
  LAUDATE DOMINUM!
– Der Herr segne euch je mehr und mehr,
  euch und eure Kinder;
  Ihr seid die Gesegneten des Herrn,
  der Himmel und Erde gemacht hat.
  LAUDATE DOMINUM!
– Lobet den Herrn, alle Heiden!
  Preist ihn, alle Völker!

Denn seine Gnade und Wahrheit waltet über uns
in Ewigkeit. Halleluja!
LAUDATE DOMINUM!

- Dies ist der Tag, den der Herr gemacht,
laßt uns freuen und fröhlich sein an ihm.
LAUDATE DOMINUM!
- Gelobt sei, der da kommt im Namen des Herrn!
LAUDATE DOMINUM!
- Danket dem Herrn, denn er ist freundlich
und seine Güte währet ewiglich!
LAUDATE DOMINUM!

Eingangsgebet

Komm, o Gott, du Geist des Lebens, wohne in und unter uns. / Komm, o Gott, du Geist des Lebens, befreie uns zur Liebe, mach unsere engen Herzen weit. / Komm o Gott, du Geist des Lebens, nähre unseren Hoffnungsbaum, schenk ihm gute Früchte. / Komm, o Gott, du Geist des Lebens, Gesicht der Barmherzigkeit, Geruch der Heiligkeit, Geschmack der Unendlichkeit, Geräusch der Zärtlichkeit, Gespür für die Ewigkeit. Wir warten auf dich!

(Ulrike Wagner-Rau, in: Du, Gott, Freundin der Menschen. Hrsg. H. Rosenstock u. H. Köhler, Kreuz Verlag, Stuttgart 1991)

Lesung I

Der Predigttext allein könnte schon genügen. Ihm an die Seite stellen würde ich als

Lesung II

Jesaja 40,27–29.26 (Verweis auf Gottes Schöpfermacht).

Wer das Weltgebetstagsmaterial 1992 »In Weisheit mit der Schöpfung leben« besitzt, sollte stattdessen das Bild von Jutta Votteler, Großer Vogelgarten, wortarm(!) anmeditieren und der Gemeinde einige Atemzüge zur stillen Betrachtung gönnen!

Credo

Eine Alternative zum Apostolikum ist sicher das oekumenische Bekenntnis zu Frieden und Gerechtigkeit aus Seoul 1990, da es den Gegenwartsbezug herstellt und Mut macht, sich nicht abzufinden!

Lieder

Zum Eingang: Gott des Himmels und der Erden (EKG 345) oder Danke für diesen guten Morgen (Liederbuch der EKD für die Kirche am Urlaubsort, 1991, S. 1). Zum Predigttext: Gott gab uns Atem (Liederbuch S. 60). Zu Jesaja 40 auf jeden Fall: Weißt du, wieviel Sternlein stehen (Liederbuch S. 187). Nach der Predigt: Nach dieser Erde (Lieberkorb, Nr. 36). Vor dem Segen: Bewahre uns, Gott (Liederbuch S. 83). Aus dem EKG: Die güldne Sonne (346), Nun danket all' und bringet Ehr' (231).

Predigtentwurf

Möglicher Anfang

Liebe Gemeinde, eben haben wir Jubelgesänge gesungen auf Gott und seine gute Schöpfung, denn es ist Osterzeit und außerdem hat die Pastorin das vorgeschlagen und die Musik lädt auch geradezu dazu ein – aber wir tun das nur, solange wir hier in der Kirche sind; sobald wir diesen Raum verlassen, rausgehen, dahin, wo wir hergekommen sind, werden wir nicht mehr jubeln, schon gar nicht gemeinsam. Wir richten den Blick wieder weg vom Gott im Himmel nach unten und bemerken den Schlamassel, in dem wir stecken, sehen unser Leben »realistisch«, wie wir das nennen: Der Ärger mit der Partnerin, der Streß in der Schule, die Trauer über den Verlust eines Menschen sind ja nicht plötzlich verschwunden, nur weil in der Kirche Osterzeit ist. Und wenn wir dann abends noch den Fernseher einschalten und die ganze Welt mit ihrem Elend macht sich im Wohnzimmer breit, spätestens dann werden die Jubelgesänge von heute morgen schal: Gottes gute Schöpfung – na ja, wenn schon die ersten Seiten der Bibel nicht stimmen …

Zum Fortgang

Da stimmt was nicht – dieses Gefühl hatte auch die Gemeinde, für die dieser Text geschrieben wurde. Schilderung der Lebenssituation und der auftauchenden Sinnfragen im Exil. Keine Aussicht und von Gott keine Spur – er hat uns vergessen!

–

Auf den ersten Seiten der Bibel stimmt noch etwas anderes nicht, höre ich von meinen KonfirmandInnengruppen: »Die Schöpfung ist o.k., nur uns hätte er nicht machen sollen!«, sagt die eine Gruppe, eine andere klebt eine Schöpfungscollage nur mit Tieren – sind sie die besseren Menschen? Ein resigniertes Selbstbild mit der Überschrift: »Besser wird's nur ohne uns!« Der Anfang der Bibel leistet vehementen Widerstand gegen solches Denken, aber es findet kein Kampf dagegen statt, sondern es wird eine Vision entworfen vom Menschen und der Schöpfung in die er/sie hinein gestellt ist, zu guter letzt. Und anders als unseren Jugendlichen wird ihnen gesagt, wozu sie da sind: Zum Bild Gottes sind sie entworfen, zur Repräsentantin/zum Repräsentanten Gottes, die Schöpfung in weiblich-männlicher Gemeinschaft zu bewahren.

–

Aber die Verhältnisse, sie sind nicht so: In den Köpfen der KonfirmandInnen ist Gott ein Mann, manchmal eine Kraft, jedenfalls niemals weiblich. Solches Vergessen der weiblichen Seite Gottes ist schon in der Bibel angelegt – kein Wunder, daß auch »die Frau an seiner Seite«, die andere Hälfte des zum Bild Gottes geschaffenen Menschen an den Rand gedrängt wird – bis heute. Muß ich Beispiele nennen? Wo bleiben die Bischöfinnen (Plural, bitte!), Präsidentinnen, Professorinnen, Managerinnen? Frauen und Armut, Frauen und Ohnmacht, das paßt schon eher zusammen.

–

Daß Herrschaft in der Schöpfung unter solchen Umständen scheitern muß, wundert nicht. Sie entspricht nicht der göttlichen Vision vom Anfang. Das klingt noch an im Urteil Gottes: Es w a r sehr gut. Es war einmal, aber das ist nun vorbei, da ist etwas verlorengegangen. Das Urteil Gottes in der Vergangenheitsform hat einen kritischen Akzent: Es gilt, das Verlorene zurückzugewinnen!

Möglicher Schluß
»Das können wir nicht schaffen«, höre ich den einen oder die andere sagen, »wo sollen wir anfangen, uns wächst doch schon alles über den Kopf! Bosnien, AIDS, Somalia, die eigene Gemeinde, Familie ...« Gott weiß das – und stellt uns den siebten Tag vor Augen: Da könnt ihr euch ausruhen trotz all der Arbeit, trotz all der Probleme und gerade deswegen. Ihr könnt sie doch nicht alle lösen, denn ihr seid nicht allmächtig. Allerdings: Ihr seid auch nicht ohnmächtig. Ihr könnt vieles tun an den übrigen sechs Tagen, denn auf mich hin seid ihr entworfen, zum Bilde Gottes. Das ist ein weiter Weg, oder eine schwere Geburt, wie Paulus meint (RömerInnen 8,27). Die Schöpfung liegt in Preßwehen – da wird etwas Neues geboren werden, eine neue Schöpfung, und in ihrer Erwartung ist die Vollendung schon da. Da wird die gesamte Schöpfung zur Ruhe kommen und Gott und Mensch können jubeln, denn nach schwerer Geburt werden sie einander begegnen und sich erkennen als das, was sie sind: Siehe, eine Gotteskraft die unter uns wohnt! Siehe, Menschen, über die Gott jubeln und lachen kann!
Amen.

Kantate

Annäherungen an den Predigttext
Jesaja 12

Klaus Johanning

Wir haben uns kurz vor der Adventszeit mit dem Text beschäftigt. Um ins Gespräch zu kommen, lesen wir zunächst die Verse laut vor, denen wir spontan zustimmen können. Wir – das sind etwa ein Dutzend Frauen ab fünfzig Jahre und der Gemeindepfarrer, Mitte dreißig.
Eine Generation liegt zwischen uns, und das zeigt sich gleich am Anfang: Beim ersten Vers fallen fast alle Frauen in den Chor mit ein. »Das ist wie bei Eltern und Kindern. Ich habe das früher mit meiner Tochter auch erlebt. Wenn es denn 'mal Streit gab und ich mich durchsetzen mußte, dann habe ich ihr das auch gesagt: Später wirst du das verstehen.«
Der Einwand des Pfarrers, genau das habe ihn als Jugendlichen immer an Erwachsenen gestört, wird ebenso spontan beantwortet: »Warten Sie ab, bis Sie selbst Kinder haben!«
Der Vers legt den Hörerinnen ein väterliches Gottesbild nahe: »Sagen wir nicht auch ›Vater‹ zu Gott?«
Schwierigkeiten gibt es dagegen beim Zorn Gottes. »Wie mag er sich zeigen? Haben auch wir seinen Zorn verdient, oder gilt für uns eher der Trost?« – Die Meinungen dazu sind geteilt. Es gibt einen lebhaften Streit darüber, ob auch Krankheit ein Zeichen des Zorns sein kann.
Der zweite Vers stößt ebenfalls auf viel Zustimmung: »Das ist Hoffnung für mich alleine! Darauf kann ich mich verlassen, daß Gott alles gut machen wird.«
Was aber, so wird gefragt, ist mit Heil gemeint und mit dem Heilsbrunnen in Vers 3? Wir halten uns lange bei diesem Bild auf, sprechen über die Wassernot in vielen Entwickungsländern und darüber, daß wir ja in Deutschland zur Zeit noch mehr als genug Wasser haben. »Früher mußte man dagegen schon etwas weiter gehen als bis zum Wasserhahn.« Trotzdem bleibt Wasser für uns eine Voraussetzung des Lebens, selbst wenn wir es wie selbstverständlich aus der Leitung bekommen. Vielleicht liegt darin gerade unser Problem: Das Gute, Lebenswichtige, für das andere weit laufen müssen, ist ein alltäglicher Gebrauchsartikel. Eine Gesprächsteilnehmerin wirft ein: »Mich spricht in diesem Vers vor allem das Wort ›Freude‹ an; ich sehe darin ein Versprechen, mit Freude leben zu dürfen.«

Erinnerungen an schlechte Zeiten kommen dagegen beim vierten Vers, der, so eine der Frauen, »gut nach dem Krieg gepaßt hätte«: Damals habe man sich zu Gott zurückgewandt, froh darüber, Flucht und Bombennächte überlebt zu haben. Man sei Gott dafür dankbar gewesen. »Und«, so ergänzt eine andere, »auch dafür, daß die Nazis verloren haben.«
Aus diesem Blickpunkt könne man auch den fünften Vers gut verstehen: Gott habe das Unrecht beseitigt und getilgt. Es wird gefragt, ob so ein Wort denn wirklich in jeder Situation angemessen sei. Würde auch jemand, der an einer schweren Krankheit leidet, das nachsprechen können? Die Reaktion ist unterschiedlich. Jemand sagt: »Manche Menschen erfahren durch ihr persönliches Leid eine besondere Nähe zu Gott und entwickeln dadurch ein fast ›kindliches‹ Zutrauen. Sie können mit Gott reden wie mit einem Freund.« Wir erinnern uns an das Lied »Von guten Mächten wunderbar geborgen« und an die Gefangenschaft, die sein Verfasser erleiden mußte.
Der letzte Vers dagegen bleibt den Frauen unvertraut. Die Anmerkung des Pfarrers, das Wort erinnere ihn an das Adventslied »Tochter Zion, freue dich«, wird interessiert zur Kenntnis genommen, hilft jedoch nicht weiter. Das Bild von Braut und Bräutigam, das uns sonst so nahe ist, scheint uns im Hinbick auf die Gottesbeziehung eher fremd zu sein.
Fazit: Der Text weckt bei den Hörerinnen vor allem Erinnerungen: an die eigene Kindheit, an das Heranwachsen der Kinder und die damit verbundenen Konflikte und an die Dankbarkeit für überwundene Notzeiten.

Zum Gottesdienst

Jobst von Stuckrad-Barre

Theologisch-homiletische Skizze

Eine Einladung zum Loben, zum Singen und Sprechen; ein Psalm, der durch seinen Blick auf Gottes zukünftiges Handeln schon jetzt tröstet, ermutigt und zum eigenen Danken und Anrufen Gottes anstiftet. Wer ist es, der da einlädt (a) und wer sind die, die sich vom Lob Gottes her verstehen, heute (b)?
a) Ein Redaktor des Jesajabuches in exilischer Zeit spricht da, kein Mann der polarisierend kritischen Worte wie der Prophet; auch keiner, der ganz neue Wege aus dem Exil heraus zu beschreiten hätte wie Deuterojesaja (doch siehe 11,15f., den unmittelbaren Kontext, der vielleicht auf die gleiche redigierende Hand zurückgeht; zu den Hypothesen im einzelnen vgl. auch im folgenden Hans Wildberger, Jesaja. BKAT X/1 ²Neukirchen-Vluyn 1980 z.St.) – der sich hier ›einbringt‹ ist einer, der seine Gegenwart im tröstlichen Licht neuer Zuwendung sieht: Der Zorn Gottes, der Fehler und Fatalitäten dieses Sprechers, der Gemeinde, des Gottesvolkes begrenzt, geht zu Ende; die andere Seite der Zuwendung, Heilung und Hilfe, bestärkt den Beter und läßt ihn mit neuer Gewißheit für die Seinen sprechen. Er tut dies mit gottesdienstlich

geprägten Wendungen, die an die Stelle prophetischer Formen treten, gleichwohl die zukünftige Zeit der Hoffnung in den Blick nehmen. Immerhin, die harsche Kritik der sozialen Sünden, die Weherufe über die Großen aus den ersten Kapiteln hat er ja gerade nicht getilgt, sondern für die nachfolgenden Generationen zusammengestellt und überliefert, auch für uns.

Daß da ein einzelner spricht und scheinbar von individueller Erfahrung redet, vermag doch nicht beiseitezuschieben, daß hier für das Ganze der Gemeinde gesprochen wird; sie soll Gottes Lob anstimmen. Folgerichtig geht Vers 3 über zum Plural: die Freuden auszuschöpfen vermag nur die ganze Gemeinde. Diese Anrede wird an gottesdienstliche Rituale im Jerusalemer Tempel anknüpfen.

Wildberger (a.a.O., S. 480) möchte in dem Wechsel von individueller zu pluralischer Rede einen Übergang von der (An-)Rede der Kerngemeinde an die übrigen Glieder des Gottesvolkes sehen: »das Israel spricht das Israel an, um es hineinzuziehen in das wache Bewußtsein widerfahrener Gotteshilfe, von der die Glaubensgemeinde Zeugnis gibt.« Ob das nicht zu sehr in den Kategorien heutiger Gemeindeerfahrungen geurteilt ist?

Zum Verständnis ist es wichtig, sich in der Übersetzung über die Nuancen Klarheit zu verschaffen, gleich des ersten Verses schon: Der Beter dankt für die Erfahrung neuer Zuwendung, die den zurechtbringenden Zorn von seinem Ende her sichtbar werden läßt. Gerhard v. Rad (Theologie des AT I, [5]München 1966, S. 370) übersetzt m.E. sehr schön: »Ich preise dich, Jahwe, denn du hast mir gezürnt, dein Zorn hat sich gewendet und du hast mich getröstet.« Wer das als Entschärfung hört, wird den Gesamtsinn der Verse nicht übersehen dürfen; natürlich darf der Zorn nicht übergangen werden, er wird in Jesaja 12 aber eben von der zukünftigen Gnade her erkennbar. Hier nicht in Spekulationen über den Zorn Gottes zu verfallen, ist ebenso wesentlich wie die Bemühung, Zorn und Heil als die zwei Seiten der einen liebevollen Zuwendung Gottes festzuhalten (vgl. dazu auch die »Annäherungen«).

Eine ganze Predigt könnte man an Luthers Übersetzung von *zmrt*/Stärke in Vers 2 als *Psalm* knüpfen – hier bündeln sich alle Anregungen des zweiteiligen Lieds. In Vers 6 verbirgt sich hinter der ›Tochter‹ Zions die Bewohnerschaft, die – so übersetzt Wildberger – Bürgerschaft Zions. »Die ›Zionsbürgerschaft‹ ist eine fraglos intakte Größe, die weder umkehren muß noch zum Glauben aufzurufen ist, sondern einfach Gott zu loben hat. Damit steht auch dieses Lied der jesajanischen Botschaft fern.« (Wildberger, a.a.O., S. 485)

b) Indem der Redaktor in seinem liturgisch geprägten Lied an die vorausgehende Heilsankündigung anknüpft, gleicht er Menschen, wie ich sie gerade in den vergangenen Weihnachtsgottesdiensten aus dem weiteren, aber auch aus dem Kernbereich der Gemeinde erlebt habe: »Wie schön, daß wir diese Lieder wieder einmal haben singen können.« Das kirchlich-christliche Zusammengehörigkeitsgefühl, auch die bewußte Anknüpfung an traditionelle Sprache, tritt ja zumeist weniger stark auf einer inhaltlichen dogmatischen Ebene hervor als eben in diesem Mitsingen-Können, das ein Loben, Beten, ein Bekennen und Anrufen ist. (Wenigstens anmerkungsweise sei hingewiesen auf den Abbruch der Traditionsströme für die, die nicht mehr mitsingen können oder wollen – eine beklemmende Entwicklung, eine Aufgabe allerdings, die an Kantate nicht pädagogisch, sondern im Singen, im gemeinsamen Tun angegriffen werden sollte.)

Also leistet der unbekannte Redaktor auch für uns wertvolle Weiterarbeit, wenn er den gottesdienstlichen Hintergrund seines Psalms und das dankbare Anreden Gottes in der Zeit, in der Gegenwart verbindet. Die Grundbestandteile heutiger Gottesdienste nehmen Elemente aus zwei, drei Jahrtausenden auf und führen sie mit Predigt

und Gebeten in gegenwärtiger Verantwortung zusammen; jeden Sonntag geschieht also vergleichbares Neusprechen und -singen. Das Spezifische von Jesaja 12 ist dabei, aus dem Blick auf die Zuwendung Gottes in der Zukunft Trost für diese Zeit zu gewinnen; der Gottesdienst wird also Raum zur ›Bearbeitung‹ heutiger ›Heillosigkeit‹ zu schaffen haben. Die Ausweglosigkeit unserer Eingebundenheit in ökonomisch-politische Entwicklungen und Strukturen will ausgesprochen sein; Singen kann da schon etwas vorwegnehmen von heilender Widerständigkeit gegen den totalen Anspruch unserer sich so tolerant gebenden Gesellschaft. Die Stärke, die Gott für die Seinen bedeutet, liegt in seiner gnädig zurechtweisend-erbarmenden Treue zu seinem Volk. Dieser Gott will bekannt sein – unter den Völkern, in allen Landen. Der »Heilige Israels« wird groß im Lob. Die Gemeinde entsteht erst im ermutigenden, dankbaren Singen und Anrufen ihres Gottes.
Singende Menschen sind offen und verschlossen zugleich. Das Klischee, nach dem man sich bei ihnen ruhig niederlassen könne, liegt nahe! Zeit wird auf ganz eigene Weise von ihnen erfahren, rhythmisiert, gestaltet; gleichermaßen vergessen und in Distanz gebracht. Da öffnen sich Herzen, Kammern, die dem kritisch aufklärerischen Geist häufig verschlossen bleiben. Von daher erhält es seinen guten Sinn, wenn Predigt solche Möglichkeiten und Grenzen des Singens benennen und damit der immunisierenden Wirkung bloßer Wiederholung oder Repristinierung entgegentreten kann. Erst dann und dann umso unbeschwerter wird das Wasser aus den Heilsbrunnen lebendig fließen – Gottes Lob und die Freude der singenden Gemeinde werden eins.
Von daher schlage ich vor, das Singen in die Predigt hineinzubeziehen; ob mit dem unten vorgesehenen Lied, das so einen neuen Klang und Wert erhält, oder mit einem anderen, sei dahingestellt (s.u.).

Vorschläge zur Liturgie

Psalm 98 im *Eingang* als den gewohnten Text zu nehmen, wird, da dann zwei Psalmen nebeneinander stehen, zumindest zu überlegen sein; andererseits entsteht so eine Linie des Lobs bis hin zum *Evangelium* aus Matthäus 11,25ff.

Lieder
Neben dem Wochenlied EKG »Lob Gott getrost mit Singen« schlage ich 229 »Man lobt dich in der Stille« und aus dem dann wohl in den meisten Landeskirchen in Gebrauch befindlichen neuen Gesangbuch die (VE-) Nummer 330 »Danket Gott mit allem, was ihr tut«, »Erd' und Himmel sollen singen« (Nummer 492, 1956 von P.E. Ruppel nach einem Spiritual [die Melodie] und [der Text der ersten beiden Strophen] nach einem altkirchlichen Hymnus geschrieben; wenn das keine Weiterbearbeitung ist ...), sowie an Stelle des gesprochenen Glaubensbekenntnisses die Nummer 180 »Wir glauben an Gott Vater, Schöpfer aller Welt«. Eine schöne Möglichkeit, eins der vertrauten EKG-Lieder (187 »Nun jauchzt dem Herren alle Welt«) neu zu erleben, bietet die Bearbeitung durch H. Beuerle von 1976, abgedruckt z.B. im Kirchentagsliederheft von 1983, nach der auf die letz-

ten drei Silben jeder Zeile ein Halleluja hinzugefügt wird, gesungen von einer (wo möglich) spontanen Gruppe der Gemeinde oder des Chors oder von Konfirmanden vorbereitet.

Im *Fürbittengebet* könnte ein Absatz so lauten:
»Laß uns im Singen und Beten begreifen, wie Dir aus all den Kirchen und Konfessionen vielstimmig Dank und Ehre erwiesen wird, wie wir im Zugehen auf unsere jüdischen Schwestern und Brüder neu in Deinem Geist handeln lernen. *(Falls dies so ist:)* Besonders denken wir an die Kinder in unserer katholischen Nachbarkirche, die heute ihre Erstkommunion feiern; laß sie und uns in eine Zeit der Verständigung trotz aller Unterschiede hineinwachsen.«

Vorschlag zur Predigt

Möglicher Predigtanfang
Ende einer Konfirmandenfreizeit: Nach dem Essen, Packen und Aufräumen hatten wir uns zum Singen verabredet, um die Zeit bis zur Abfahrt des Busses zu gestalten und zu überbrücken. Als der nicht kam, rief ich bei dem Unternehmen an, und bis ich die Gewißheit hatte, daß der Bus tatsächlich unterwegs war, verging geraume Zeit. Inzwischen hatte die Gruppe – weitergesungen, und auch die restliche Wartezeit haben wir zersungen, der Funke der Freude wollte nicht verlöschen. So die Zeit zu vergessen und zugleich zu gewinnen, das kann eigentlich kaum schöner gelingen als im gemeinsamen Singen. Den Schöpfer zu loben und den Glauben zu ermutigen, zu trösten und getröstet zu werden, wie anders sollte das auf einmal gehen? Wie sonst können uns vergehende Angst und beginnende Zuversicht so mitgeteilt werden, daß andere angesteckt werden?
Singend bin ich der Weite und Tiefe meines Lebens auf der Spur, ohne vom Zusammenhang mti den andern und dem gemeinsamen Tun lassen zu müssen.
Darum ist es schade, daß wir die Psalmen nicht in ihrer ursprünglichen Form singen können. Was hätte uns dieser Sänger der Exilszeit da nicht noch mitzuteilen! So können wir immerhin seinen Worten lauschen, wie er mitten im Elend auf Gottes Zukunft vorausgreift.

Textverlesung: »Zu der Zeit wirst du sagen ...«
Daß er sich vor seine Gemeinde stellt und etwas bekennt, was noch gar nicht vollendet ist, kann zunächst verwirren. Gilt das, was er sagt, erst in der Zukunft, und gilt es nur für ihn oder für seine Glaubensgenossen zugleich? Zudem spricht er so vom Zorn Gottes, wie wir das heute zumeist nicht mehr tun. Lassen Sie uns da genauer hinhören: Der Zorn Gottes, diese Unheil und Untat begrenzende Seite der Zuwendung Gottes zu den Seinen, wird nicht wie ein Schicksal oder ein Lehrstück des Glaubens be-

handelt, sondern kommt von seinem Ende her in den Blick – Gott war zornig über mich und tröstet mich nun. Und jetzt stellt der Beter in die Mitte, wie er Gott erfährt: mein Heil! Nicht Furcht, sondern Stärke. Gottes tröstliche Zuwendung macht ihn sicher; so wird am Ende des Unheils auch das ganze Volk, die ganze Gemeinde sagen können: Er ist unser Heil! Man müßte es singen. Ach, laßt das uns doch einfach tun:
Lied: »Brunn allen Heils dich ehren wir …« (EKG 112,1+5)
Ihr werdet mit Freuden Wasser schöpfen aus den Brunnen des Heils. Singen muß man's. Sonst weiß keiner mehr, wo die Brunnen liegen, im Tempel, in den Kirchen, da, wo Gottesdienst abgehalten, Verzeihung, gefeiert wird und Zeit und Ewigkeit, Gegenwart und Zukunft zusammengesehen und -gesungen werden.
Hier ist nun die Aktualität 1995 einzubeziehen, vielleicht darin auch die Widerstände gegen eine allzu einfache Übernahme des Psalms und seines Lobs. Dann kommen wie von selbst die mit mir Gott lobenden Menschen und ihre oft gar nicht gleich zum Lob drängende Situation in den Blick.

Zum weiteren Verlauf
Die Öffnung, die ich im Singen erlebe, führt mich von vorneherein auf die hin, mit denen ich mich vor Gott sehe und erlebe, wie wir getröstet und bestärkt werden, eine wundersame Kommunikation mit ganz eigenen Zusammenklängen und Rhythmen, mit Perspektiven und Horizonten, die doch eigentlich langer Klärung bedürften. Gott kundzumachen, sein Tun unter den Völkern, das geschieht auch im Singen und bezieht manchmal Menschen ein, die schon lange nicht mehr das Wort für Gott, den lösenden Ton gefunden haben.
Was aber, wenn diese Offenheit, diese Bereitschaft zum Loben mißbraucht wird? Daß es ohne gemeinsames Nachdenken nicht geht, zeigen am handgreiflichsten die Nazi-Horden, die einst und jetzt wieder mit Gebrüll Schrecken verbreitet haben. Ihre Art zu singen findet Antwort im Verbrennen von Büchern und Häusern, schließlich sogar von Menschen. Nein, in diesem Sinn kann Drauflossingen ganz schlimme Folgen haben. Es kommt schon drauf an, wem der Gesang, wem das Lob gilt und von wem die daherrührende Freude kommt.
Nicht zu lange sollte die Predigt bei den Einwänden verweilen; doch stellen muß sich der Prediger ja doch dem nicht zu überspielenden Eindruck, daß große Teile der Bevölkerung (und der Gemeinde!) eben nicht mehr singen. Ich versuche es an einem speziellen Punkt zu tun, um nicht in allgemeiner Kulturverfallsklage zu landen; also: Möglicher Schluß

Gott zu danken sogar dann, wenn wir dazu (noch) nicht in der Lage sind, das legt dieser Psalmist uns nahe. Seinen Namen in allen Landen, in allen Situationen anzurufen, dazu fordert er uns auf.
Und was ist, wenn viele Menschen nicht mehr mitsingen? Der Hinweis, daß es so große Massen in der exilischen und nachexilischen Phase Israels doch

auch nicht waren, die solche Loblieder anstimmten, kann doch nicht recht beruhigen. Mir begegnet dieses Problem zunehmend bei Trauergesprächen. Verwandte sagen auf die Frage nach den Liedern: »Ach, wir möchten nicht, daß gesungen wird.« Ich muß immer tief Luft holen, wenn dieser Satz fällt. Denn meine Erfahrung ist, daß Beerdigungen, bei denen nicht gesungen wird, lasten, ›trauriger‹, aussichtloser wirken. Das Singen, auch wenn es schwerfällt, hebt die Gemüter aus ihrer trauervollen Verschlossenheit, läßt fast unbemerkt den Horizont auf Gott hin sich öffnen. Ein erstes Aus- und Aufatmen und Danken, Lob Gottes, dessen Zorn sich gewendet hat und der sich nun zeigt als der, der uns alle liebevoll aufnimmt. Ende einer Lebenszeit – Anfang unendlicher, unbeschreiblicher, nur zu besingender Zeit.

Darum und von daher für immer: Laßt es uns tun, ihn loben und ihn bittend, bekennend, betend preisen (»Brunn allen Heils dich ehren wir«, EKG 112,2.3+4):

»Der Herr, der Schöpfer bei uns bleibt ...«,
»Der Herr, der Heiland, unser Licht ...«,
»Der Herr, der Tröster, ob uns schweb ... und geb uns seinen Frieden unverrückt.«

Kontexte

Als alternative Möglichkeit einer Predigt sehe ich eine weitergehende Phantasie über den unbekannten Redaktor und habe deshalb oben unter a) und b) schon an einen berichtenden Ton heranzubringen versucht; dort ist auch angedeutet, daß sich zu Luthers Übersetzung von »Stärke« als »Psalm« eine eigene Predigt zu Kantate denken läßt, die noch stärker den Dank und die Gründung des Menschen auf diesen zu besingenden, Freude schaffenden Gott Israels herausstellt.

Materialien zur Verstärkung des hier vorgelegten Entwurfs wie zur eigenen Weiterentwicklung:

1. »Sieh an unser Elend,
und streite unsern Streit,
und erlöse uns bald um deines Namens willen.
Denn ein starker Erlöser bist du.
Gelobt seist du, Herr, der Israel erlöst.«
Die siebte Bitte – Erlösung (Ge'ulla) – des Achtzehnbittengebets, hier zit. nach Peter von der Osten-Sacken, Katechismus und Siddur. Veröffentlichungen aus dem Institut Kirche und Judentum Band 15. Berlin/München 1984, S. 209f., der einen unserm Text vergleichbaren Wechsel von individueller und kollektiver Sicht im Zusammenhang dieser Bitte auf die Übernahme aus der Fastenpraxis in das alltägliche Gebet zurückführt.

2. »Es ist bekannt, daß *Luther* die Erkenntnis der Sünde, den Schrecken vor Gottes Zorn, die Buße, in der Regel auf eine besondere, von der Offenbarung der Gnade Gottes getrennte Gesetzes-, Heiligkeits- und Zornesoffenbarung, ja, auf ein besonde-

res Wesen Gottes in seiner Majestät und Verborgenheit zurückgeführt hat. Wir folgen Luther darin nicht, weil dieses Schema sich dem scheinbar komplizierteren, in Wahrheit doch viel einfacheren Zeugnis der Schrift gegenüber mit gutem Gewissen nicht aufrechterhalten läßt. Wir finden in der Schrift das Gesetz nicht neben dem Evangelium, sondern im Evangelium und darum die Heiligkeit Gottes nicht neben, sondern in seiner Gnade, seinen Zorn nicht neben, sondern in seiner Liebe. Aber Luther scheint sich manchmal in glücklicher Weise widersprochen zu haben. (...) Und so konnte Luther sich in einer Predigt über Petri Fischzug (Luk 5,4–11) auch folgendermaßen aussprechen: »Ja, was ist für eine ernstlichere, schrecklicher Anzeigung und Predigt Gottes Zorns über die Sünde, denn das Leiden und Sterben Christi, seines Sohnes? ... folgt doch das daraus, daß der Mensch, wo das Leiden Christi recht in sein Herz fället, wohl von ihm selbst muß darin sehen und fühlen den unerträglichen Zorn Gottes über die Sünde und davon erschreckt werden, daß ihm die Welt zu enge wird (...). (1538 E.A. Bd. 13, 116f.)«
Karl Barth, Kirchliche Dogmatik. Bd. 2,1. 7. Aufl. 1987 © Theologischer Verlag Zürich

3. »Aber es muß gefragt werden, ob er (sc. der Zorn Gottes) nicht überhaupt nur die eine Seite der Gerechtigkeit Gottes als Eigenschaft seiner Liebe ist, und dies ist in der Tat zu bejahen. Der Zorn Gottes kann nur als Gottes wirkliches und wirksames Nein gegen die Sünde verstanden werden. Da aber die Sünde ihrerseits die Abweisung der Liebe Gottes ist (das Gesetz ist Liebesgebot!), so ist der Zorn Gottes nichts anderes als Gottes Liebe, die sich gegen ihre eigene Abweisung kehrt. Er ist also nicht, wie es *Ritschl* meinte, ein im Grunde subjektives Empfinden im Sünder selbst, sondern Gottes eigene »Reaktion« gegen die Sünde, die Bekundung dessen, daß Gott auch gegenüber der Abweisung, die seiner Liebe widerfährt, er-selbst bleibt, die Bekundung der Gottheitlichkeit seiner Liebe gegenüber der »unmöglichen Möglichkeit« menschlicher Verwerfung Gottes.«
Otto Weber, Grundlagen der Dogmatik. Bd. I, © Neukirchener Verlag, Neukirchen-Vluyn, 7. Aufl. 1987

4. »Lassen sich Konturen einer christlichen Lebensform beschreiben, die sich an der Gegenwart Christi ausrichtet und zugleich auf die Herausforderungen unserer Zeit antwortet? Unvermindert gilt Dietrich Bonhoeffers Beschreibung dieser Lebensform, für die Zukunft hofft er auf Menschen, ›die beten und das Gerechte tun und auf Gottes Zeit warten‹. Eben darin wird auch unser Christsein sich heute und morgen zeigen. Von hier aus lassen sich Einsichten formulieren, die für künftige christliche Lebensformen Bedeutung gewinnen können. Vier Einsichten scheinen wichtig:
Wir preisen Gott für die Güte der Schöpfung und für unser eigenes Leben in ihrer Mitte. Deshalb sind wir zur Verantwortung für die Zukunft des Lebens bereit.
Wir bekennen uns zu Jesus Christus, der die Gegenwart Gottes in unserer Welt verbürgt. Deshalb wollen wir diese Welt nicht der Gottlosigkeit überlassen.
Wir feiern die Gegenwart Gottes in seinem versöhnenden Geist. Um dieses Geistes willen treten wir für den Vorrang gewaltfreien Handelns ein und wehren einem Geist, der das Heil in militärischen Interventionen sucht. Aber wir finden uns mit den Konflikten nicht ab. Der Geist der Versöhnung prägt unsere Weise, mit ihnen umzugehen und nach einem Frieden in Gerechtigkeit zu suchen.
Wir erfahren das Menschsein als Geschenk und Verheißung. Deshalb sehen wir in jeder menschlichen Person – in jeder anderen wie in uns selbst – ein unersetzliches Geheimnis; besonders wenden wir uns denen zu, die unter Einsamkeit und Entbehrung leiden.«
Wolfgang Huber, Nicht schwarz sehen – Kirche muß offen, öffentlich und eigenständig sein. Evangelische Kommentare 1/1994, S. 30.

Die Autorinnen und Autoren

Dr. med. Reinhold Ahr, Bad Homburg; Päd.Leiter Ludger Arnold, Weißenborn; Prof. Dr. Hans-Jürgen Benedict, Hamburg; Dekan Dr. Friedhelm Borggrefe, Ludwigshafen; Pfarrer Dr. Albert Damblon, Korschenbroich-Herrenshoff; Hauptpastor Prof. Dr. Axel Denecke, Hamburg; Pfarrer Klaus Eulenberger, Hamburg; Pfarrer Günter Gottschämmer, Darmstadt; Dekan i.R. Wolf-Dietrich Hardung, Tübingen; Pfarrer Eckhard Herrmann, Würzburg; Pfarrer Friedrich Holze, Rehburg-Loccum; Pfarrer Dr. Klaus Johanning, Schwerte; Pfarrer Hannes-Dietrich Kastner, Worms; Pfarrerin Heidi Kell, Hamburg; Pfarrer Dirk Keller, Karlsruhe; Pfarrerin Jutta Konowalczyk-Schlüter, Bremen; Pfarrer Claus Marcus, Berlin; Dekan Reiner Marquard, Bensheim; Pfarrvikar Jürgen Rogler, Nürnberg; Studienleiter Pfarrer Joachim Schnell, Celle; Pfarrer Dieter Schupp, Kaiserslautern; Pfarrer Jobst von Stuckrad-Barre, Göttingen; Pfarrerin Ursula Thomé, Essen; Pröpstin Helga Trösken, Frankfurt/Main; Pfarrer Andreas Zeuschner, Berlin; Pfarrerin Elsbeth Zuleck, Ludwigsburg